企业税务会计
实操
QIYE SHUIWU KUAIJI
SHICAO
和节税技巧
HE JIESHUI JIQIAO

柠檬云课堂 ◎ 著

中国铁道出版社有限公司
CHINA RAILWAY PUBLISHING HOUSE CO., LTD.

图书在版编目（CIP）数据

企业税务会计实操和节税技巧 / 柠檬云课堂著. —北京：中国铁道出版社有限公司，2023.7
ISBN 978-7-113-30066-1

Ⅰ. ①企… Ⅱ. ①柠… Ⅲ. ①企业 - 税务会计②企业 - 节税 Ⅳ. ① F275.2 ② F810.42

中国国家版本馆 CIP 数据核字（2023）第 054233 号

书　　名：**企业税务会计实操和节税技巧**
QIYE SHUIWU KUAIJI SHICAO HE JIESHUI JIQIAO

作　　者：柠檬云课堂

责任编辑：马慧君　　编辑部电话：（010）51873005　　电子邮箱：zzmhj1030@163.com
封面设计：宿　萌
责任校对：安海燕
责任印制：赵星辰

出版发行：中国铁道出版社有限公司（100054，北京市西城区右安门西街 8 号）
网　　址：http://www.tdpress.com
印　　刷：北京盛通印刷股份有限公司
版　　次：2023 年 7 月第 1 版　　2023 年 7 月第 1 次印刷
开　　本：710 mm × 1 000 mm　1/16　印张：16.75　字数：240 千
书　　号：ISBN 978-7-113-30066-1
定　　价：69.80 元

版权所有　侵权必究

凡购买铁道版图书，如有印制质量问题，请与本社读者服务部联系调换。电话：（010）51873174
打击盗版举报电话：（010）63549461

前　言

在如今市场经济高速发展的环境中，税务会计已成企业财务管理中不可或缺的一环。这本书深度整合了税收政策法规、会计核算方法、纳税筹划理论等内容，通俗易懂、实操性强，旨在帮助企业财务人员熟练掌握并成功应用税务会计知识，从而改善企业财务管理。

全书共七章，循序渐进、非常全面地介绍了企业税务会计工作中必备的知识理论和实际操作技巧。从基础的税务会计概念入手，让读者熟悉企业税务会计基本操作，了解我国现行税收体系；重点介绍了增值税、消费税、企业所得税及其他税种的相关内容，包括会计核算、纳税申报、纳税筹划、税务风险防控等方面；就企业税务风险防控和自查、企业如何应对税务稽查和完善企业纳税管理制度等实用技巧及策略进行了深入阐述。

本书案例丰富、内容翔实，无论是理论知识还是实际操作技巧都十分全面。每个章节都有详细的讲解和实操案例，让读者在学习中不仅能够掌握税务会计的理论知识，还能够把理论应用到实际中。此外，本书特别强调了企业税务风险防范和自查，使读者面对企业财务风险时不会惊慌失措，从而能够做出正确的决策。

在讲述税收筹划的理论时，我们提醒企业要合规的同时，也应遵纪守法。这一观点不仅能在实践中发挥企业的社会责任，还可以更好地保障企业财务安全。

此外，本书的附录部分列出了税务会计真账实际操作，便于读者理论结合实际，快速掌握税务会计的核心知识和实操技巧，提高学习效率。

我们希望通过本书的编写与出版，为读者提供一种更为系统化、全面化的学习方式，并引导读者在财务工作中灵活应用所掌握的实操知识，掌握企业节税技巧，提高对财务与税务管理的理解，充分发挥财务管理在企业管理中的作用。

总体而言，本书非常值得企业财务人员和税务从业者阅读。无论是初学者还是有经验的财务人员都可以从本书中获取实用而有深度的财务和税务管理知识，更好地掌握税务筹划技巧，并在财务风险管理方面做到心中有数，建议企业税务有关的人士阅读本书。如果您正在寻找一份系统而通俗易懂的税务会计参考书籍，本书或许会让您有眼前一亮的启迪和收获。

本书由柠檬云课堂根据实际工作案例及教学案例进行编写，虽然我们力求完美，但由于时间有限，编写过程中难免存在不足与遗憾，希望广大读者多提出宝贵意见。

最后，再次感谢您选择本书，希望本书能成为您财务管理实操的得力助手。

【福利】为了帮助更多财务人员提升税务实操能力，购买本书可微信扫描下方二维码联系柠檬云课堂老师领取税务实操相关课程学习，详情可扫码咨询。

欢迎关注柠檬云课堂微信公众号/视频号学习更多内容

柠檬云课堂公众号

柠檬云课堂视频号

目 录

第一章　企业税务会计必备知识　001
第一节　走进会计工作　002
一、会计对象与要素　002
二、会计科目与账户　005
三、会计做账所选的方法　007
第二节　了解企业税务会计　010
一、税务会计的概述　010
二、税务会计应该坚持的原则　011
三、税务会计的日常工作流程　013
第三节　认识我国现行税收　018
一、税收的基本含义　018
二、税法是什么　019
第四节　企业纳税筹划思路和策略　021
一、一切筹划都要以政策为准　022
二、把握好缴纳标准的临界点　023
三、有条件地进行分立式经营　024
四、利用货物销售节约税款　025

第二章　增值税的会计核算与纳税筹划　026
第一节　增值税的概念　027
一、认识增值税　027
二、增值税的征收　030
三、增值税优惠政策　030

第二节　增值税的会计核算和处理　032

一、一般纳税人增值税的会计核算　032

二、小规模纳税人增值税的会计核算　036

三、增值税会计处理　038

四、不可忽视的视同销售　043

五、抄税、报税及税款缴纳的流程　044

六、日常做好应税项目的规划　046

第三节　增值税发票管理　047

一、增值税发票介绍　047

二、不能抵扣的进项发票的处理　049

三、增值税发票管理的重要性　051

第四节　增值税纳税筹划　053

一、增值税纳税筹划思路　053

二、巧用小微企业的优惠政策进行纳税筹划　054

三、不同供应商的抉择　055

四、如何用纳税人身份进行纳税筹划　056

五、利用不同的促销方式进行纳税筹划　057

六、利用不同结算方式进行纳税筹划　059

七、利用免税政策进行纳税筹划　060

第三章　消费税的会计核算与纳税筹划　062

第一节　消费税的会计核算和处理　063

一、消费税相关概念　063

二、消费税的会计核算　066

三、消费税税额的扣减　071

四、出口退税的处理　074

五、消费税的申报与缴纳　076

六、消费税的税收优惠　078

第二节　消费税的纳税筹划和风险　079

一、消费税的税务筹划思路　079

二、用计税价格进行纳税筹划　081

三、用消费税特殊条款进行纳税筹划　083

四、利用消费税的优惠政策进行纳税筹划　086

五、一些消费税处理方面的税务风险　087

第四章　所得税的会计核算与纳税筹划　090

第一节　企业所得税　091
　　一、企业所得税相关概念　091
　　二、企业所得税的优惠政策　092

第二节　企业所得税的会计核算　097
　　一、企业所得税收入确认　097
　　二、企业所得税扣除项目　102
　　三、涉及企业所得税其他方面的处理　104
　　四、企业所得税应纳税所得额的计算　111

第三节　企业所得税的申报　113
　　一、企业所得税预缴申报表新变化　113
　　二、新版企业所得税纳税申报表（A 类）的填制　116
　　三、企业所得税年报的申报流程　119

第四节　企业所得税的纳税筹划　120
　　一、巧用亏损进行纳税筹划　120
　　二、利用小微企业低税率政策进行纳税筹划　123

第五节　个人所得税　124
　　一、个人所得税概述　124
　　二、个人所得税的优惠政策　127
　　三、个人所得税的计算　128
　　四、个人所得税征收管理　132
　　五、个人所得税税务筹划　135

第五章　其他税（费）的会计核算和纳税筹划　141

第一节　附加税（费）的会计核算和纳税筹划　142
　　一、城市维护建设税的会计核算与申报　142
　　二、教育费附加与地方教育附加的会计核算与申报　144
　　三、附加税（费）的税务风险与纳税筹划　146

第二节　财产类税的会计核算　147
　　一、房产税的会计核算与申报　147
　　二、契税的会计核算与申报　152
　　三、车船税的会计核算与申报　155

四、财产类税的纳税筹划　　158

第三节　行为目的类税的会计核算　　161
　　一、船舶吨税的会计核算与申报　　161
　　二、印花税的会计核算与申报　　163
　　三、车辆购置税的会计核算与申报　　167
　　四、耕地占用税的会计核算与申报　　170
　　五、土地增值税的会计核算与申报　　172
　　六、印花税的纳税筹划　　176

第四节　资源类税的会计核算　　178
　　一、烟叶税的会计核算与申报　　178
　　二、资源税的会计核算与申报　　179
　　三、城镇土地使用税的会计核算与申报　　184
　　四、资源税和城镇土地使用税的纳税筹划　　186

第五节　其他税种的会计核算　　189
　　一、关税的会计核算与申报　　189
　　二、环境保护税的会计核算与申报　　193
　　三、关税的纳税筹划　　196

第六章　企业税务风险防控及自查　　198

第一节　企业税务风险防控　　199
　　一、企业税务风险概述　　199
　　二、企业税务风险的预防措施　　200

第二节　企业税务问题自查　　202
　　一、企业增值税的税负率把控　　202
　　二、增值税的纳税自查方法　　204
　　三、消费税的纳税自查方法　　206
　　四、企业所得税的纳税自查方法及税负把控　　208

第七章　企业如何应对税务稽查　　212

第一节　不能不知道的税务稽查知识　　213
　　一、认识税务稽查　　213
　　二、企业被稽查前需要做的准备工作　　214
　　三、企业如何接待税务稽查人员　　215
　　四、通过合法手段维护企业权益　　218

第二节　典型的税务稽查案例讲解　220
　　一、通过资金流发现企业虚开增值税发票　220
　　二、从一个神秘的表格找到企业的账外账　221
　　三、企业随意扩大优惠政策被稽查　223
　　四、二维码收入不纳税，行业差异引来稽查　225
第三节　根据税务稽查完善企业纳税管理　226
　　一、税务稽查账务调整的原则　226
　　二、税务稽查账务调整的方法　227
　　三、税务稽查的账务调整　228
　　四、建立完善的纳税管理机制　231

附　录　企业税务会计真账实操　233

附录1：会计凭证的填制示范　234
　　一、会计凭证概述　234
　　二、填制示范　236

附录2：会计账簿的登记示范　237
　　一、会计账簿概述　237
　　二、登记示范　239

附录3：编制财务报表　240
　　一、资产负债表　240
　　二、利润表　242
　　三、现金流量表　242

附录4：企业账务模拟　242
　　一、企业概况及期初财务状况　243
　　二、企业20×0年12月账务处理　246
　　三、企业20×0年12月报表　256

第一章

企业税务会计必备知识

第一节 走进会计工作

我们首先来思考一个问题，会计是做什么的？大多数人心中都会有一个答案，会计是给单位记账的。这个答案没有错，只是不全面。

接下来我们再思考一个问题，会计记账的结果给谁看？仅仅是供单位内部查看吗？答案是否定的。会计的记账结果不仅供单位内部使用，还需要报送利益相关者，利益相关者包括股东、债权人、税务机关等，如果单位为上市公司，还需要向社会公众提供。

那么，"一万个会计有一万种记账方法"，我们需要一个统一的标准，告诉会计们要如何记账，让所有的利益相关者能看懂所有企业的财务数据，这个标准就是会计准则。会计对象及要素，就是会计准则中对会计行为进行规范的一个名称，我们理解其从何而来，就能深刻理解其含义。

一、会计对象与要素

（一）会计对象

会计的对象是指会计所核算和监督的内容，即会计工作的客体。由于会计以货币为主要计量单位，对一定会计主体的经济活动进行核算和监督，所以会计并不能核算和监督社会再生产过程中的所有经济活动。只要是特定主体能够以货币表现的经济活动，都是会计核算和监督的内容，也就是会计的对象。

以货币表现的经济活动通常又称为价值运动或资金运动，那么，对于一般企业而言，资金运动是如何体现的呢？资金进入企业就是一种资金运动的体现，企业通过吸收投资、银行借入、发行股票或债券来筹集资金，引起企业资金的增加。企业用货币资金购买材料，工人对材料进行加工生产，需要支付工人工资，产成品销售取得货币资金流入，这是资金运动在企业周转中的体现。

（二）会计要素

我们依然通过资金运动来说明，资金运动会产生企业的各种交易事项，例如企业用货币资金购买材料，和销售方签订购买合同，付款提货。那么会计上该如何记录呢？会计A在账本上记录"某年某月某日购买材料多少吨"，会计B在账本上记录"某年某月某日花了多少钱"。如果没有一个统一标准，企业的利益相关者无法准确获知企业的财务状况，所以我们引出会计要素这一概念。

会计要素是根据交易或者事项的经济特征所确定的财务会计对象的基本分类，按照其性质分为资产、负债、所有者权益、收入、费用和利润。还是以企业用货币资金购买原材料为例，货币资金和材料按照会计六要素进行分类，都属于资产，这个按字面含义就可以理解。这项资金运动中，货币资金减少了，存货增加了，而且它们增加和减少的金额一致，这就是资产内部一增一减的经济活动。那么这项资金运动企业赚钱或者亏钱了吗？企业只是用货币换来同等价值的材料，并没有赚钱或者亏钱，所以不涉及收入、费用和利润。

有了会计要素，我们对企业用货币资金购买存货这项业务就有统一的记账标准，至于资产这类的细分名称，我们通过后续章节来学习。会计六要素，囊括企业所有经济活动，也就是说，企业只要有价值运动或资金运动，就一定能够从六要素中找到符合的分类，进行记录，其中，资产、负债和所有者权益要素侧重于反映企业的财务状况，收入、费用和利润要素侧重于反映企业的经营成果。

会计要素的定义及确认条件如下：

1. 资产

资产，是指企业过去的交易或者事项形成的，由企业拥有或者控制的，预期会给企业带来经济利益的资源。

将一项资源确认为资产，需要符合资产的定义，还应同时满足以下两个条件：

（1）与该资源有关的经济利益很可能流入企业；

（2）该资源的成本或者价值能够可靠地计量。

2. 负债

负债，是指企业过去的交易或者事项形成的，预期会导致经济利益流出企业的现时义务。

将一项现时义务确认为负债，需要符合负债的定义，还需要同时满足以下两个条件：

（1）与该义务有关的经济利益很可能流出企业；

（2）未来流出的经济利益的金额能够可靠地计量。

3. 所有者权益

所有者权益，是指企业资产扣除负债后，由所有者享有的剩余权益，公司的所有者权益又称为股东权益。我们结合实际生活来理解所有者权益的定义，假如小王全部身家只有100元，其中有40元是向小李借的，那么小王自己其实只有60元。如果将小王这个人比作企业，企业资产100元，负债40元，所有者权益60元。

所有者权益的来源包括所有者投入的资本、其他综合收益、留存收益等，通常由股本（或实收资本）、资本公积（含股本溢价或资本溢价、其他资本公积）、其他综合收益、盈余公积和未分配利润等构成。

所有者权益体现的是所有者在企业中的剩余权益，因此，所有者权益的确认和计量主要依赖于资产和负债的确认和计量。

4. 收入定义及确认条件

收入，是指企业在日常活动中形成的、会导致所有者权益增加的、与所有者投入资本无关的经济利益的总流入。

收入的确认除了应当符合定义外，还至少应当符合以下条件：

（1）与收入相关的经济利益应当很可能流入企业；

（2）经济利益流入企业的结果会导致资产的增加或者负债的减少；

（3）经济利益的流入额能够可靠计量。

5. 费用的定义及其确认条件

费用，是指企业在日常活动中发生的、会导致所有者权益减少的、与向所有者分配利润无关的经济利益的总流出。

费用的确认除了应当符合定义外，还至少应当符合以下条件：

（1）与费用相关的经济利益应当很可能流出企业；

（2）经济利益流出企业的结果会导致资产的减少或者负债的增加；

（3）经济利益的流出额能够可靠计量。

6. 利润的定义及其确认条件

利润，是指企业在一定会计期间的经营成果。

利润包括收入减去费用后的净额、直接计入当期利润的利得和损失等，其中，收入减去费用后的净额反映的是企业日常活动的业绩；直接计入当期利润的利得和损失，是指不应计入当期损益、会导致所有者权益发生增减变动的、与所有者投入资本或者向所有者分配利润无关的利得或损失。

利得，是指由企业非日常活动所形成的、会导致所有者权益增加的、与所有者投入资本无关的经济利益的流入。

损失，是指由企业非日常活动所发生的、会导致所有者权益减少的、与向所有者分配利润无关的经济利益的流出。

利润的确认主要依赖于收入和费用，以及利得和损失的确认，其金额的确定也主要取决于收入、费用、利得和损失金额的计量。

二、会计科目与账户

（一）会计科目

会计科目是对会计要素具体内容进行分类核算的项目，是进行会计核算和提供会计信息的基础。具体来说，根据反映的经济内容进行分类，会计科目可以分为资产类、负债类、所有者权益类、共同类、成本类、损益类；根据提供信息的详细程度及其统驭关系，会计科目可以分为总分类科目和明细分类科目。

1. 资产类

主要科目有库存现金、银行存款、其他货币资金、应收票据、应收账款、预付账款、应收股利、应收利息、其他应收款、坏账准备、交易性金融资产、材料采购、在途物资、原材料、材料成本差异、周转材料、委托加工物资、库存商品、商品进销差价、存货跌价准备、待处理财产损溢、固定资产、累计折旧、工程物资、在建工程、固定资产清理、无形资产、累计摊销、固定资产减值准备、无形资产减值准备、长期待摊费用等。

2. 负债类

主要科目有短期借款、应付票据、应付账款、预收账款、应付利息、应付股利、其他应付款、应付职工薪酬、应交税费等。

3. 所有者权益类

主要科目有实收资本、资本公积、其他综合收益、盈余公积、本年利润、利润分配、库存股等。

4. 共同类

主要科目有清算资金往来、套期工具、外汇买卖、被套期项目等，金融企业涉及共同类科目的业务较多，一般企业涉及较少。

5. 成本类

主要科目有生产成本、制造费用、劳务成本、研发支出等。

6. 损益类

主要科目有主营业务收入、其他业务收入、投资收益、主营业务成本、其他业务成本、销售费用、管理费用、财务费用、资产减值损失、信用减值损失、税金及附加、所得税费用、公允价值变动损益、资产处置损益、营业外收入、营业外支出等。

（二）会计账户

会计账户是根据会计科目设置的，具有一定的格式和结构，是用于分类反映会计要素增减变动情况及其结果的载体。

以银行存款为例进行说明：银行存款为资产类会计科目，会计科目即"银行存款"这个名称，如果想反映企业银行存款的增减变动，就需要通过账户体现，银行存款账户概况如下图所示。

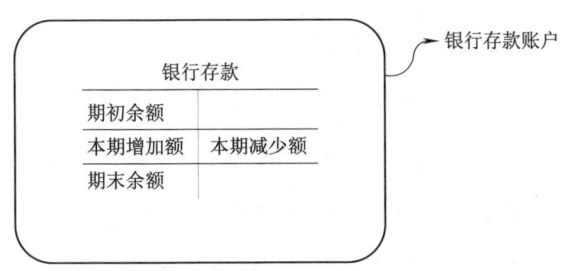

会计账户的分类和会计科目的分类相对应，账户分为资产类账户、负债类账户、共同类账户、所有者权益类账户、成本类账户和损益类账户；根据提供信息的详细程度及其统驭关系，账户分为总分类账户和明细分类账户。

三、会计做账所选的方法

我国会计准则规定，企业、行政单位和事业单位会计核算采用借贷记账法记账。借贷记账法，是以"借"和"贷"作为记账符号的一种复式记账法，其中"借"和"贷"只是一种记账符号，没有任何意义。

那么什么是复式记账法呢？复式是指对于每一笔经济业务，都必须用相等的金额在两个或两个以上相互联系的账户中进行登记，全面、系统地反映会计要素增减变化的一种记账方法。

我们仍然以货币资金购买材料为例进行说明：假设企业用1 000元现金买了一批材料，现金对应的会计科目为"库存现金"，材料对应的会计科目为"原材料"，对于这笔经济业务，我们在库存现金账户登记减少1 000元，在原材料账户登记增加1 000元，这就是复式记账法。

（一）借贷记账法的账户结构

借贷记账法下，账户的左方称为借方，右方称为贷方，一方登记增加额，另一方就登记减少额，至于"借"表示增加，还是"贷"表示增加，则取决于账户的性质与所记录经济内容的性质。

1. 资产类、成本类账户

资产类、成本类账户借方登记增加额，贷方登记减少额。

期末余额 = 期初余额 + 本期借方发生额 − 本期贷方发生额

2. 负债类、所有者权益类账户

负债类、所有者权益类账户借方登记减少额，贷方登记增加额。

期末余额 = 期初余额 + 本期贷方发生额 − 本期借方发生额

3. 损益类账户

损益类账户中的收入类账户，借方登记减少额，贷方登记增加额；损益类账户中的费用类账户，借方登记增加额，贷方登记减少额。期末余额要转入"本年利润"账户，结转后期末余额为 0，相应的期初余额也为 0。

（二）记账规则

借贷记账法的记账规则是有借必有贷、借贷必相等，即每笔经济业务发生后，在记入有关账户时，账户必须是借和贷两个记账方向，记入借方账户的金额与记入贷方账户的金额必须相等。

（三）账户对应关系与会计分录

账户对应关系，是指采用借贷记账法对每笔交易或事项进行记录时，相关账户之间形成的应借、应贷的相互关系，存在对应关系的账户称为对应账户。沿用企业用 1 000 元现金买了一批材料的例子，账户对应关系如下：

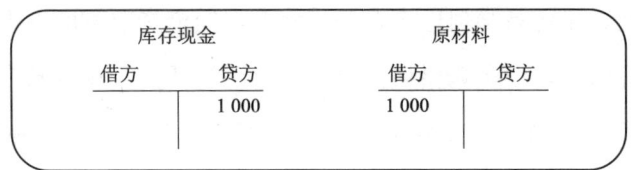

会计分录是对每项经济业务列示出应借、应贷的账户名称（科目）及其金额的一种记录，由应借应贷方向、相互对应的科目及其金额三个要素构成，记载于记账凭证中。

上述业务的会计分录为：

```
借：原材料    1 000
    贷：库存现金    1 000
```

需要注意的是，此会计分录为简单会计分录，即只涉及一个账户借方和另一个账户贷方的会计分录。由于企业业务多样繁杂，可能涉及复合分录。复合分录是指由两个以上对应账户组成的会计分录，即一借多贷、多借一贷或多借多贷的会计分录。

（四）试算平衡

试算平衡是指根据借贷记账法的记账规则，以及资产、负债和所有者权益的恒等关系，通过对所有账户的发生额和余额的汇总计算和比较，来检查账户记录是否正确的一种方法。

恒等关系：资产＝负债＋所有者权益

试算平衡包括发生额试算平衡和余额试算平衡。发生额试算平衡是指全部账户本期借方发生额与全部账户本期贷方发生额相等；余额试算平衡是指全部账户借方期末（初）余额与全部账户贷方期末（初）余额相等。

企业进行试算平衡时，如果试算不平衡，表示记账一定有错误；如果试算平衡，却不一定表明记账正确。这是什么原因呢？

例如企业漏记了某项经济业务，使得本期借贷双方的发生额等额减少；企业重复记录某项经济业务，使得本期借贷双方的发生额等额虚增，试算仍然平衡但记账错误。类似情况还包括借贷双方同时多记或少记相同金额、经济业务记错有关账户，或者账户记对了却颠倒记账方向等。

第二节　了解企业税务会计

税务会计作为现代企业会计的三大分支之一，其主要表现形式是将税法、会计准则及会计方法融为一体，为纳税人进行纳税筹划、税务管理和控制。作为企业会计的一个重要领域，它的基本职能是对纳税人应纳税款的形成、申报、缴纳进行汇总核算和监督；它要求企业会计人员以税法为标准，按照税法相关条例，以相关会计凭证、会计账簿、报表等各类账务资料为基础，如实进行各类税收款项的核算和申报。

一、税务会计的概述

与财务会计不同，税务会计不仅包含核算税金的内容，也在法律允许的范围内，要求企业的会计人员针对成本收益原则，依法制定符合企业自身要求的税收控制政策，以减轻企业税负，获得企业效益最大化。也就是说，税务会计的服务目标是双重的：一方面它为国家服务，要求企业依法核算，不得偷税漏税，损害国家利益；另一方面，它也是为企业服务，要求会计人员在遵守税法的前提下，通过纳税统筹，将纳税人的税收成本降低，维护纳税人的合法权益。

税务会计以财务会计为基础，因此财务会计的前提大多适用于税务会计，但是由于税务会计的特殊性，使得它与财务会计的前提有一些特殊差异。

一是纳税主体，税法规定，负有纳税义务的单位和企业为纳税主体，大部分情况纳税主体也是会计主体，但在一些特殊情况下，纳税主体并不等同于会计主体。纳税主体要求纳税人必须独立承担纳税义务，有些会计主体，如银行下级支行，虽然进行独立的会计核算，但在纳税时通常需要总行进行纳税操作。

二是持续经营，税务会计假定纳税人可以在未来期限正常存续，这是税务会计跨期摊配最重要的假设条件。

三是货币时间价值，货币的存蓄具有价值性，国家早收税和晚收税带来的货币价值不同，因此国家在制定税收策略时越发重视货币的时间价值属性，并以此为前提确定各项纳税义务发生的时间、申报和纳税期限。

四是纳税会计期间，税务会计主体长期经营假设的存在，使得税款缴纳必须有一定的期限，否则税款征收则无规则可言。我国的纳税年度为公历1月1日至12月31日。

税务会计的对象是税务会计核算与监督的客体，即纳税人因纳税而引起税款的形成、计算、申报、补退、罚款、减免等以货币表现资金运动的经济活动，具体包括经营收入、经营成本、经营成果、税款计算缴纳和税款减免五个方面。企业的经营收入是计算增值税、消费税的重要依据，企业的经营成本是所得税计算的重要依据，企业的经营成果影响企业所得税应纳税所得额的数额，税款的计算缴纳和税款减免是企业最终税负多少的重要内容。

二、税务会计应该坚持的原则

我们前面讲到税务会计区别于财务会计，由于税务会计的特殊性，其坚持的原则也与财务会计不尽相同，主要包括下列原则：

（一）修正的应计制原则

我们知道，财务会计是以权责发生制为入账原则，但在税务会计中，我们采用的是修正的收付实现制，原因在于国家的税收制度一定是要企业有足够现金进行税款缴纳,以保障政府税收的来源,现金制由于其缺陷,只适用于个人和不从事商品购销业务的中小企业的纳税申报。

(二)与财务会计日常核算方法相一致原则

财务会计与税务会计的相关性使得税务会计一般应该遵循各项财务会计准则,主要包括对于已在财务报表中确认的全部事项的当期或者递延税款,应确认为当期或者递延纳所得税负债或资产;根据现行税法的规定,计量某一事项的当期或递延应纳税款,以确定当期或未来年份应付或应退还的所得税金额;为确认和计量递延所得税负债或资产,不预期未来年份赚取收益或发生费用的应纳税款或已颁布税法或税率变更的未来执行情况。

(三)划分营业收益与资本收益原则

由于营业收益和资本收益来源不同,且负担不同的纳税义务,因此在税务会计中应该做严格区分。营业收入课税按照正常税率进行征收,资本收益按照不同的课税税率进行征收,在这方面我国暂时还未有较多规定,后续的会计改革中可能会有所体现。

(四)配比原则

税务会计的配比原则与财务会计相同,是所得税跨期摊配的重要基础,企业在进行会计核算时,某一特定时期的收入应当与取得该收入相关的成本、费用配比。

(五)确定性原则

确定性原则是指在所得税会计处理过程中,按所得税法的规定,在纳税收入和费用的实际实现上应具有确定性的特点,这一原则具体体现在递延法的处理中。在递延法下,当初的所得税税率是可确证的,递延所得税是产生暂时性差异的历史交易事项造成的结果。

（六）可预知性原则

可预知性原则应用于所得税会计处理，它提高了对企业未来现金流量、流动性和财务弹性的预测价值。因此，在该原则下，支持并规范的债务法被越来越广泛地采用，它是支持并规范债务法的原则。

（七）税款支付能力原则

纳税能力是指纳税人应以合理的标准确定其计税基数，有同等计税基数的纳税人应负担同一税种的同等税款。因此，纳税能力体现的是合理负税原则。与企业的其他费用支出有所不同，税款支付全部对应现金的流出，因此，在考虑纳税能力的同时，更应该考虑税款的支付能力。税务会计在确认、计量和记录收入、收益、成本、费用时，应选择保证税款支付能力的会计方法。

三、税务会计的日常工作流程

在前面的小节中我们已经了解税务会计的内容、对象以及税务会计原则等基础内容，那么作为一个企业会计，日常工作中我们需要进行哪些工作呢？我们可能从业于历史悠久的企业，也可能就职于一家新设企业，作为一个会计人员，应该如何进行企业的税务处理呢？

税务会计的基本职能是对纳税人应纳税款的形成、申报、缴纳进行汇总核算和监督，企业日常工作内容包括企业税款的核算、申报和缴纳。下面我们针对日常工作中税务会计的流程为大家讲解。

（一）税款核算

本节内容中我们将税款的核算划分为筹建阶段和日常阶段。筹建阶段主要讲解企业开办初期基础事项，日常阶段主要讲解企业生产经营过程中产生的税款如何核算。

1. 企业筹建阶段的税务登记和发票领购

如果企业是处在筹建期，作为一名会计人员，首先需要办理的是工商注册和税务登记。税务登记是指税务机关依据税法规定，对纳税人的生产、经营活动进行登记管理，是纳税人依法履行纳税义务的法定手续，也是税务会计的起点。

（1）税务登记

我们说开户登记是税收登记的起点，只有进行了税务登记，后续才可以领用发票，进行企业的相关税务操作。由于我国自2016年10月1日已经全面实施"五证合一"，税务机关不再发放税务登记证件。

申请人携带开户相关资料前往公司注册地市场监管部门业务办理窗口，审核后若资料符合要求，工作人员将向申请人发放《"五证合一"受理通知书》，待国家相关部门审核办理完毕后，申请人可持受理通知书前往市场监管部门登记窗口领取营业执照。申请人领取营业执照后还需带本人身份证和公章、财务章等前往银行进行账户开立手续，同时在领取营业执照后的规定期限内，申请人应该将其财务、会计制度或财务、会计处理办法等相关资料报送主管税务机关备案，并前往银行开立基本账户。之后申请人应前往税务局申请三方协议，拿到协议书后前往银行办理三方协议签署，之后企业产生的税款将可以直接从企业公户进行扣除。

（2）发票领购

发票是指单位和个人在购销商品、提供或者接受服务以及从事其他经营活动中，开具和收取的收付款凭证，包括增值税专用发票、增值税普通发票、专业发票和增值税电子普通发票。按照规定，增值税专用发票只能由一般纳税人使用，小规模纳税人适用普通发票。使用增值税专用发票的纳税人应该购买税控电脑到税务机关指定地点购买金税卡或IC卡，用于增值税专用发票的开具、抄税和购买。

依法办理税务登记的单位和个人，在领取营业执照后，向主管税务机关申请领购发票，具体流程如下图所示：

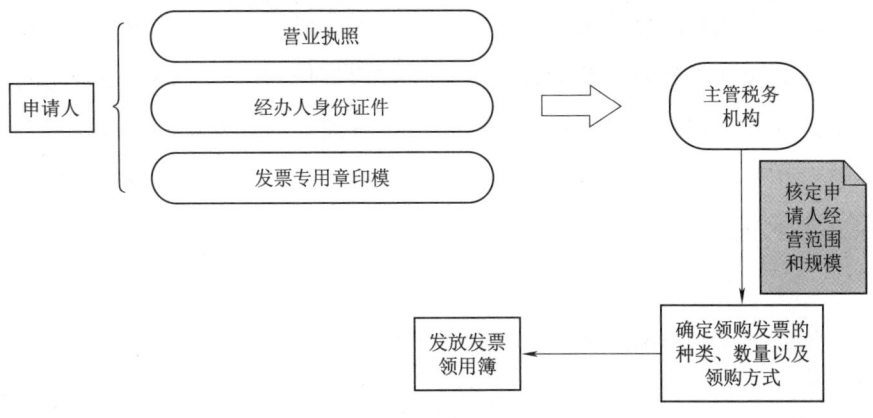

发票首次申领流程

如果领购的发票用完,需要重新申领,即非首次申领发票,应该进行抄报、上传发票明细电子数据并完成发票验旧。纳税人领用发票前需要完成抄税,报税和清卡操作。

领用发票时所需资料明细如下图所示:

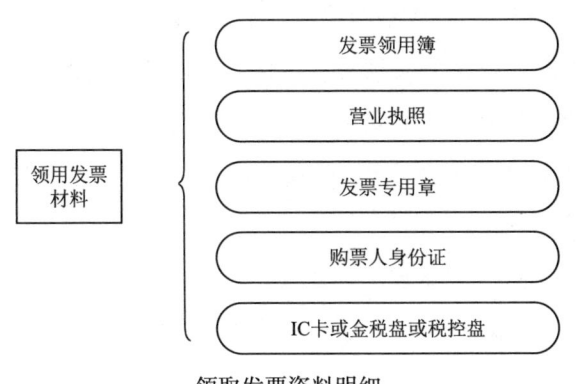

领取发票资料明细

2. 企业日常经营活动税款核算

企业进入经营阶段,税务会计的工作内容主要包括税款核算、发票管理和其他特殊事项。

(1)税务会计核算

企业的税务核算与企业的财务会计紧密联系,日常工作中二者密不可分。一般税务处理就是根据企业发生的涉税业务原始凭证编制记账凭证,在"应交税费"中核算企业经营活动中产生的税款,月末汇总,次月缴纳。

（2）发票开具与管理

前面企业筹建阶段我们已经介绍了发票如何领用，下面就企业进行相关的业务操作示例。如果在经营过程中有需要开具发票的，应按照发票开具相关法律规定，妥善管理和使用发票，并定期向主管税务机关报送发票使用情况。

（3）其他特殊工作

企业会计应该就企业发生的变更事项及时办理税务信息变更和注销等工作。

① 变更登记

纳税人在领取营业执照后，若因单位名称、企业法人姓名、住所、公司类型、经营范围、统一社会信用代码等信息发生变化，应及时向市场监管部门申请变更，换发"一照一码"营业执照。需要注意的是，如果营业执照发生变更，纳税人需要本人或者授权人前往银行进行账户变更，确保银行账户与企业营业执照所载事项相符。

若纳税人的涉税相关信息发生变化，如财务负责人、电话号码、核算方式、生产经营地等发生变化，应及时向所属税务机关申请变更。纳税人纳税识别号、姓名发生变更，需要携带金税盘前往办理变更税控手续。

② 注销登记

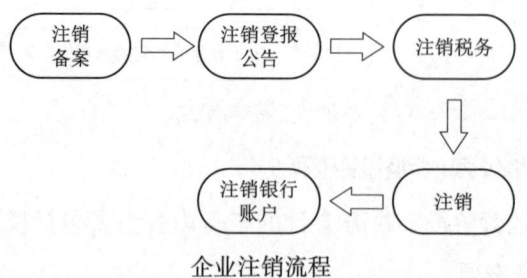

企业注销流程

企业申请注销前，需要先进行清税操作，税务清缴完毕才可以进行注销，企业注销流程如上图所示。

（二）纳税申报和缴纳

纳税申报和缴纳一般发生在次月的月初。由于大部分企业均为按月纳税，税款所属期次月的月初为纳税申报时间。一般而言，纳税申报包括报送不同税种的纳税申报表、向所属国库进行税款缴纳、取得完税凭证；向税务机关报送本公司财务报表，根据完税凭证编制会计分录，进行记账操作。

1. 税款申报方式

纳税申报分为直接申报、邮寄申报和数据电文申报。直接申报指的是纳税人携带申报相关资料前往主管纳税机关进行税务申报工作。邮寄申报指采用邮寄方式进行纳税申报，纳税人应该使用统一的纳税申报信封，将相关的纳税资料一并寄出，并以寄出的收据作为申报凭据，寄出的邮戳日期为申报日期。数据电文申报是指纳税人通过税务机关确定的电话录音、电子数据交换和网络传输等电子方式进行纳税申报。目前，各地已经建立电子申报平台，网上申报可以减少纳税人前往税务机关的次数，同时网上申报的相关数据表格均有一定的勾稽关系，减少了企业会计的纳税申报工作。

2. 申报期限

不同的纳税人或者不同的税种纳税期限各不相同，纳税人应该根据本企业的实际情况选择不同的申报时间，一般而言，企业以月度缴纳税款的居多。下表为大家展示主要税种的纳税申报期限。

申报期限表

税　　种	申报期限
增值税	增值税的纳税期限分别为1日、3日、5日、10日、15日、1个月或者1个季度。以1个月或者1个季度为一个纳税期的纳税人，自期满之日起15日内申报纳税；以1日、3日、5日、10日或15日为一个纳税期的纳税人，自期满之日起5日内预缴税款，次月1至15日申报并结清上月应纳税款。以1个季度为纳税期限的规定仅适用于小规模纳税人
消费税	消费税的纳税人以1个月或者1个季度为一个纳税期的，自期满之日起15日内申报纳税；以1日、3日、5日、10日或15日为一个纳税期的，自期满之日起5日内预缴税款，于次月1日起15日内申报纳税并结清上月应纳税款
企业所得税	企业所得税分月或分季预缴，企业自月份或者季度终了之日起15日内，无论盈利或亏损，都应向税务机关报送预缴企业所得税纳税申报表，预缴税款。企业应当自年度终了之日起5个月内，向税务机关报送年度企业所得税纳税申报表，并汇算清缴，结清应缴应退税款
其他	各类税种的申报期限将在后续章节进行详细说明

3. 税款申报缴纳

纳税申报是指纳税人按照税法规定的期限和内容向税务机关提交有关纳税事项书面报告的法律行为,是纳税人履行纳税义务、承担法律责任的主要依据。而税款缴纳是纳税的关键环节,因为只有将需要缴纳的金额上交国库,纳税人的纳税义务才算完成。我国税款的缴纳分为查账征收、查定征收、查验征收、定期定额征收、代扣代缴和代收代缴以及委托代征。查验征收主要是针对经营规模较大、财务体系健全的企业。日常生活中的税款申报缴纳是由企业会计人员自行计算所需缴纳的税额,填写相应的纳税申请书并上报税务机关,后在系统中完成税款缴纳的操作。

第三节　认识我国现行税收

从有国家开始,税收也就随之而来,因为国家想要实现其职能必须要有一定的财政,而税收是国家公共财政最主要的收入形式和来源。

一、税收的基本含义

税收也叫税赋、税金等,是国家(政府)为实现其职能,依靠其政治权力,根据一定的标准,强制、无偿地获得财政收入的一种形式,它具有强制性、无偿性和固定性。

税收的强制性是指国家(政府)凭借政权力量,通过颁布法律或政令进行强制征收,任何负有纳税义务的单位和个人都必须遵守,否则就要受到法律的制裁,正是因为税收的这种特性,才让它成为国家财政收入的一种最普遍、最可靠的形式。

税收的无偿性是指国家在向纳税人征税过程中,并不向纳税人支付任何报酬或代价。对具体的纳税人来说,其纳税后并没有获得任何报酬,所以是无偿的。

税收的固定性是指税收按照国家法律规定的标准征收,其征收对象、税率、计价方法等都是按照国家法律法规规定的固定比例或者数额征收，不能随意更改。

税收的这三个特征是统一的整体，其中强制性为税收无偿征收提供了保证，而无偿性是税收本质的体现，固定性又是强制性和无偿性的必然要求。税收的这三个特征体现了税收的权威性，并跟其他财政收入区别开来，具体见下表。

税收与其他财政收入的区别

财政收入形式	不同形式的区别
税收	具有强制性、无偿性和固定性
利润上缴	只具有无偿性，不具有强制性和固定性
财政发行（发行纸币）	具有强制性和无偿性，但无固定性
国家信用（发行公债、向国外借款）	信用是自愿的、有偿的，并且不固定的
罚款和没收	罚款和没收是一次性和不连续的

税收的基本职能主要有以下几种：

（1）组织国家财政收入是税收最基本的职能，国家通过公共权力参与社会分配。

（2）国家通过参与社会分配，对社会经济结构产生影响，从而有目的地调节社会经济结构。

（3）国家在征收税款的过程中，可以及时了解纳税人的实际情况，从而发现问题，监督纳税人依法纳税，从而监督社会经济活动方向，维护社会生活秩序。

国家通过税收促进公平竞争，保持国家经济的稳定，通过合理利用税收政策可以对一些产业结构进行调整，促进共同富裕。

二、税法是什么

为了保证税收的顺利执行，国家规定了各种税收法规，总称为税法，为税收机关征税和纳税人纳税提供法律依据。一般来说，主要的税收法规是由全国人民代表大会审议通过，公布实施；各种税收条例（草案）和征收办法则是由国务会议审议通过，公布施行；税法的实施细则由财政部根据税收基本法规作出解释和详细规定；如果是地方各税的征免和各税具体稽征管理制度，通常由省级人民代表大会及其常务委员会或省级人民政府规定。

税法由一些基本因素如纳税人、征税对象、税率及其他因素如纳税环节、纳税期限、减免税和违章处理等构成。

纳税人，又称纳税义务人，也是纳税主体，是指法律规定的直接负有纳税义务的单位和个人，其有两种基本形式：自然人和法人。

征税对象，也叫课税对象、征税客体，是指对那些客体征税，也就是征税的标的物。如消费税的征税对象是消费品（如烟、酒等）；房产税的征税对象就是房屋。按征税对象，目前我国的税主要分为流转税、所得税、资源税、财产税、行为税五大类，共18个种，分别是：增值税、消费税、企业所得税、个人所得税、资源税、城市维护建设税、房产税、印花税、城镇土地使用税、土地增值税、车船使用税、船舶吨税、车辆购置税、关税、耕地占用税、契税、烟叶税、环保税。

税目，是指对征税对象分类规定的具体的征税项目，反映具体的征税范围。设置税目是为了明确具体的征税范围（只有列入税目的才是应税项目，没有列入的不属于应税项目）及根据不同项目的利润水平和国家经济政策制定不同的税率。如消费税就设有烟、酒和酒精、化妆品等税目。

税率，是对征税对象的征收比例或征收额度，是计算税额的尺度，是衡量税负轻重的重要标志。我国现行的税率主要有比例税率、累进税率和定额税率三种。

比例税率，是指按照固定比例确定的税率，不管征税对象数额的大小，只按一个固定比例去征税，如增值税、企业所得税等实行的是比例税率；累进税率，是指根据征税对象数额的多少去确定不同等级的税率，通常数额越大，税率越高，反之税率越低，如个人所得税税率的确定；定额税率又叫固定税率，是根据征税对象的计量单位直接规定应纳税额的税率形式。

纳税环节是税法规定的应当纳税的环节，是纳税对象在从生产到消费的流转过程中应当缴纳税款的环节。纳税环节解决的是征一道税，或是征两道税，还是道道征税以及确定在哪个环节征税的问题。

纳税期限是纳税人向国家规定缴纳税款的法定期限。我国现行税制的纳税期限有三种形式：

（1）按期纳税，根据纳税义务发生的时间，通过确定纳税间隔期实行按日纳税。如增值税的纳税期限分别核定为1日、3日、5日、10日、15日、1个月或者1个季度。

（2）按次申报，根据纳税行为发生的次数确定纳税期限，如车辆购置税、耕地占用税。

（3）按年计征，实行分期预缴或缴纳，也就是按年度计算征收，分月或季度进行预缴或缴纳，如企业所得税就是按照规定的期限预缴，到年度结束后实行汇算清缴，多退少补。

减税、免税，是指税法减少或者免除税负的规定，减税是指对应纳税额减征一部分税款；免税是指对应纳税额全部免征。

这里需要注意，减免税跟税法中规定的起征点不同。起征点是指对征税对象征税的起点数额，当征税对象没有达到起征点时，是不征税的；达到或者超过起征点的，就其全部数额征税。此外，减免税也与税法中规定的免征额是不同的，免征额是指征税对象免于征税的数额，免征部分是不征税的，只对超出部分征税。

违章处理是指对纳税人违反税法规定时，采取处罚措施的规定。

国家税务总局是国务院主管税收工作的直属机构，负责制定全国税务系统信息化建设的总体规划、技术标准、技术方案与实施办法。目前，税收分别由财政、税务、海关等系统负责征收管理。

第四节　企业纳税筹划思路和策略

纳税人在实际开展税务筹划工作时，首先要吃透政策，全面了解与企业相关的税收优惠文件；其次是通过具体方法进行纳税筹划。随着我国税法的健全和金税工程三期防伪税控系统、发票管理制度的完善，税收工作越来越规范，因此全面理解和及时消化国家出台的税收政策对企业来说有重要作用。

一、一切筹划都要以政策为准

纳税筹划属于会计管理中的事前筹划工作，它要求企业会计在进行会计核算前对本公司的业务了然于胸。如企业经营的具体业务、业务流程、经营成本和收益、业务涉及的税种、涉及税种的税收优惠政策、税收法律中的合理节税空间等。在掌握企业信息之后，税务会计再立足本企业寻找合理的税收政策进行税务筹划。

税务会计在进行日常税务筹划时，要注意国家税收优惠政策的时效性，防止发生税务优惠已经过期，但是企业仍旧按照旧版税法文件进行筹划现象的发生。比如小微企业的增值税税收减免。2022年4月1日到2022年12月31日，政策曾规定，月销售额15万元以下（含本数）的增值税小规模纳税人，不征收增值税。但进入2023年，政策将小微企业减免增值税的纳税额度改为月销售额10万元以下（含本数）。如果企业税务人员不加注意，则会导致税款缴纳增加。如果税务会计做到实时关注国家政策，在税收条例发生较大改动时便可以在较短时间内迅速适应税法变动，控制企业的税款缴纳，及时实行税收筹划。

除了税收时效性，税务会计还需要注意税收优惠政策的具体要求。例如国家对于西部大开发战略的落实政策中，税务机关下发关于设在西部地区的国家鼓励类产业企业名录，规定该名录中的企业可以减按15%征收企业所得税。这时税务会计则要注意税务机关下发文件中对企业的具体要求，按照规定这类企业是指以《西部地区鼓励类产业目录》中规定的产业项目为主营业务，且其主营业务收入占企业收入总额60%以上的企业。如果税务会计确认自己的企业属于企业名录里的企业，后续还应确认主营业务是否达到政策规定标准。只有这样才可以保证企业不被税务机关处罚，避免出现补缴税款、产生罚金和相关的声誉风险等问题。

当然，单凭税务会计进行自我提升满足不了企业的税务筹划需要，企业在要求企业税务会计自行学习时，需要及时给税务会计提供相应的培训，以减少由员工对于税法政策的理解差异导致的税款申报错误。除了员工内部培训外，企业在税收政策发生变更时，也可以及时寻找外部机构的帮助，及时沟通税收条款最新标准，以保证企业在税务统筹方面的利益。

二、把握好缴纳标准的临界点

税务筹划中的纳税临界点指的是税务机关制定税法基本税款缴纳标准时，规定的税收计税基础、计税税率和计税数量的数额或者比例，在税款缴纳工作中表现为，比例和数量标准以下为一个税率，超过比例或数量实行另一个较高税率，由此对纳税人的税款缴纳进行梯度划分。企业在进行税务筹划时，应当尽量把握好计税基础、税率等，避免多缴纳税款。

在计算企业增值税时，若企业为小规模纳税人则需要考虑当月销售额大小，注意小微企业免征增值税标准。

在计算企业消费税时，卷烟消费税的从价计征对不同的调拨价格有不同的征收税率，在调拨价格小于 70 万元时，实行 36% 的征收税率；当调拨价格超过 70 万元，则实行 56% 的征收税率。企业在进行价格制定时则要把握卷烟的调拨价格，防止由于"1 块钱误差"导致企业消费税征收税率阶梯式增长。

企业在计算企业所得税的纳税临界点时需要注意计算企业所得税应纳税所得额时的各项费用标准。一方面企业需要注意广告费和业务宣传费、职工的福利费、教育经费、公会经费、企业的业务招待费的扣缴规则，防止出现实际发生费用大于可抵扣金额导致不可抵扣部分的产生；《中华人民共和国企业所得税法》第二十七条规定，企业的下列所得，可以免征、减征企业所得税：……（四）符合条件的技术转让所得。同时，《中华人民共和国企业所得税法实施条例》（国务院令 512 号）第九十条规定，企业所得税法第二十七条第（四）项所称符合条件的技术转让所得免征、减征企业所得税，是指在一个纳税年度内，居民企业技术转让所得不超过 500 万元的部分，免征企业所得税；超过 500 万元的部分，减半征收企业所得税。此时若企业满足免征条件，在进行技术转让时，应该将转让的技术项目限制在 500 万元以内，以减少企业所得税费用。

在计算企业其他类型税金时也是同样道理。例如税法规定，按月纳税的月销售额不超过一定数值的缴纳义务人，免征教育费附加、地方教育附加。在进行纳税筹划时，小规模纳税人则应按照税法设置的纳税临界点，进行自身销售业务的统筹，防止当月金额超过免征教育费附加、地方费附加月销售额标准，以减少企业附加费的产生，节省企业成本。

综合来讲，企业在日常税务筹划中应该把握好缴纳标准的临界点，以保证企业税务成本目标的达成。

三、有条件地进行分立式经营

企业分立式经营是企业税务筹划的一个重要方法。税务筹划中的分立式经营是企业依照法律法规，建立新的独立子公司或者独立核算部门，并将自身相关业务转移至子公司及独立核算部门中核算。企业的分立经营可以影响企业消费税和企业所得税的税款数额。

第一，消费税纳税行为不同于增值税，它的纳税行为不发生在商品流通过程，而是发生在生产或者批发环节，企业想要取得节税收入，需要从生产环节开始筹划，合理安排企业分立后，母公司与子公司或独立部门分别进行生产业务与销售业务。

第二，分立式经营对企业所得税税款的影响还体现在利润转移上。如企业设立的分(子)公司在某种情况下享受企业所得税的税收优惠政策，如某些带有地域性质的税收优惠。那么，只要能够保证将实际业务交由分（子）公司展开，并如实向属地申报，就可以因此享受税收的政策优惠。

值得注意的是，企业选择类似的方式进行纳税筹划的，必须保证筹划的合理性和业务的真实性，不能以绝对不合理的价格在关联企业中进行销售，也不能以分（子）公司虚报未在归属地实际经营的业务，否则就很容易触犯相关法律法规，成为税务机关打击的典型。

四、利用货物销售节约税款

货物销售环节也可以进行纳税筹划。销售环节可以影响税收负担的因素主要有企业的销售方案、销售税款的回收方案以及销售发票的开具。

第一，企业的促销方案直接影响企业的增值税税款。我们在前面介绍中已经向大家说明了企业在不同促销方案下税款的负担情况，结合增值税节税案例分析得知，税款价格最高的销售方式为实物折扣，增值税税额最低的是商业折扣。如果企业仅仅按照增值税节税大小进行销售方案决策，就选择商业折扣。但是这并不意味着这两种方案是最适合企业的销售方案，由于实物折扣和销售折扣会引起企业成本费用的变化，进而会导致企业所得税税额变化，因此企业应该选择适应自身的促销方案来减少总计税款。

第二，销售方式会影响税款的货币时间价值。销售活动中，企业采取不同的款项结算方式，会影响企业收入的确认时间，收入的确认则会影响企业的税款缴纳。不同收款方式有不同利弊：企业选择直接收款的，纳税义务会直接发生，但是可以立刻获得资金，从而缓解企业的资金周转压力；选择赊销或者分期付款的，企业可以延缓税款的缴纳时间，由此取得税收的货币时间价值，同时，这种方式有助于缓解购货方的资金周转压力，增加企业行业竞争力。

第三，企业开具销售发票对企业税收的影响。首先企业发生的经济业务中属于兼营销售的，在开具发票时要注意不同税率的应税消费品分开核算。如果不将两种应税消费品分开核算，按照税法规定，将采用两者中的高使用税率进行税款计算。其次在开具发票时，应当注意发票类型以及发票内容的填写。按照税法规定，对于填列错误的发票，在申报纳税时不得扣除，尽管填列错误的发票可以重开补扣，但是会造成发票浪费，企业抵扣时长增加，并且会增加会计不必要的工作量。

第二章

增值税的会计核算与纳税筹划

第一节　增值税的概念

一、认识增值税

增值税是指以商品和劳务在流转过程中产生的增值额作为征收对象而征收的一种流转税。按照我国增值税税法的规定，增值税是对在我国境内销售货物或者加工、修理修配劳务、销售服务、无形资产、不动产以及进口货物的单位和个人，就其销售货物、劳务、服务、无形资产、不动产的增值额及货物进口金额为计税依据而课征的一种流转税。

2012年以前，我国针对在中国境内提供应税劳务、转让无形资产或销售不动产的单位和个人所征收的是营业税。由于营业税征收模式的诸多弊端，2009年我国决定全面实施增值税转型改革。

2012年我国决定设立试点实行营业税改增值税工作，并在以后几年逐步扩大试点和改革内容。2017年10月，国务院常务会议通过《国务院关于废止〈中华人民共和国营业税暂行条例〉和修改〈中华人民共和国增值税暂行条例〉的决定》，标志着实施60多年的营业税正式退出历史舞台，我国就此完成"营改增"改革项目。

我国现行的增值税基本规范是2017年11月19日国务院令第691号公布的《中华人民共和国增值税暂行条例》、2016年3月财政部和国家税务总局发布的《财务部　国家税务总局关于全面推开营业税改征增值税试点的通知》（财税〔2016〕36号）和2008年12月财政部和国家税务总局令第50号《中华人民共和国增值税暂行条例实施细则》。

（一）征税范围

增值税的征收范围是指增值税征收的具体对象和征收界限，它确定了增值税课税的目的物（目的行为），我们将其分为征收范围的一般规定和特殊规定。

1. 一般规定

（1）销售货物和进口货物

销售货物指的是有偿转让货物的所有权。

我们这里的货物，指的是除土地、房屋和其他建筑物等一切不动产之外的有形动产，包括电力、热力和气体。

（2）销售劳务

销售劳务指增值税纳税人提供的加工、修理修配劳务。

加工指的是受托加工物资，如A企业受B企业委托，按照B企业的要求加工一批棉被；修理修配指的是受托对损伤和丧失功能的货物进行修复，如汽车修理厂提供汽车修理服务。

值得注意的是： 加工、修理修配的对象限于有形资产，对于不动产的修缮行为属于建筑服务类目。

（3）销售服务

服务包括交通运输服务、邮政服务、电信服务、建筑服务、金融服务、现代服务和生活服务。

（4）销售无形资产

无形资产指不具备实物形态，但能带给纳税人经济利益的资产。无形资产包括技术、商标、著作权、自然资源使用权等。

（5）销售不动产

销售不动产指的是转让不动产使用权的业务活动。不动产包括建筑物、构建物，如住宅、办公楼、道路、水坝等。

2. 特殊规定

（1）视同销售行为

单位或个人发生下列事项时，按照销售货物征收增值税：

① 将货物交付他人代销；

② 销售代销货物；

③ 设有两个以上机构并实行统一核算的纳税人，将货物从一个机构移送至其他机构用于销售，但相关机构设在同一县（市）的除外；

④ 将自产、委托加工的货物用于非应税项目；

⑤ 将自产、委托加工或购买的货物作为投资，提供给其他单位或个体经营者；

⑥ 将自产、委托加工或购买的货物用于分配给股东或投资者；

⑦ 将自产、委托加工的货物用于集体福利或个人消费；

⑧ 将自产、委托加工或购买的货物无偿赠送他人。

我们认为，将自产或委托加工的物资投资、分配、赠送，相当于向外部移动，需要视同销售计算销项税额、抵扣进项税额，但将外购的货物用于集体福利和个人消费，相当于进入最终的消费领域，此时不能计算销项税额，不得抵扣进项税额，已经抵扣的应该转出处理。

（2）混合销售和兼营行为

一项销售行为如果既涉及货物又涉及服务，为混合销售；兼营指的是纳税人的经营范围既包括销售货物和加工修理修配劳务，又包括销售服务、无形资产等项目。

混合销售：比如 A 钢材生产销售企业自产钢材并负责运输。

税法规定，从事货物生产、批发和零售的单位的混合销售，按照销售货物缴纳增值税。本例中 A 企业为混合销售，按照销售货物征收增值税，税率为 13%。

兼营销售：比如 B 企业既销售加工设备，也提供建筑安装服务。

此时 B 企业属于兼营，应分别核算销售额，采用不同税率和征收率进行计征。若 B 企业未分别核算销售额，则从高计征。

（二）纳税义务人和扣缴义务人

纳税义务人指在中华人民共和国境内销售货物、劳务、服务、无形资产、不动产以及进口货物的单位和个人。

扣缴义务人指在中华人民共和国境内销售劳务，在境内未设有经营机构的，以其境内代理人为扣缴义务人；在境内没有代理人的，以购买方为扣缴义务人。

二、增值税的征收

我国实行凭增值税专用发票（不限于增值税专用发票）抵扣税款的制度，在客观上要求健全的会计核算基础和能力。为了简化增值税的计算和征收，税法将增值税纳税人按照会计核算水平和经营规模划分为一般纳税人和小规模纳税人。

一般纳税人指年应征增值税销售额超过小规模纳税人标准的，即年应征增值税销售额500万元以上的纳税人，或者未超过小规模纳税人标准，会计核算健全，能够准确提供税务资料的纳税人。纳税人可向其机构所在地主管税务机关办理一般纳税人登记手续，除国家规定外，一旦登记成为一般纳税人，不得转为小规模纳税人。

小规模纳税人的认定标准为年应征增值税销售额500万元及以下。纳税人不超过小规模纳税人标准的，并且会计核算不健全，不能按规定报送税务资料的应该登记为小规模纳税人。

根据《关于深化增值税改革有关政策的公告》（财政部、税务总局、海关总署公告2019年第39号），自2019年4月1日起，增值税一般纳税人发生增值税应税销售行为或者进口货物，原适用16%税率的，税率调整为13%；原适用10%税率的，税率调整为9%。这样，增值税的税率就分别为13%、9%、6%和零税率。小规模纳税人除以5%计征的部分外，其余按照3%计征。

三、增值税优惠政策

1. 小规模纳税人税收优惠政策

为支持广大个体工商户在做好疫情防控的同时加快复工复业，财政部、税务总局在2020年至2022年间先后发布了多条政策公告，进入2023年，一些优惠政策延续了下来。

具体总结如下：

对月销售额 10 万元以下（含 10 万元）的增值税小规模纳税人，免征增值税。

增值税小规模纳税人适用 3% 征收率的应税销售收入，减按 1% 征收率征收增值税；适用 3% 预征率的预缴增值税项目，减按 1% 预征率预缴增值税。

允许邮政服务、电信服务、现代服务、生活服务等生产性服务业纳税人按照当期可抵扣进项税额加计 5% 抵减应纳税额。但需要确认的是，纳税人需要在该类服务上取得超过全部销售额的 50%；允许生活性服务业纳税人按照当期可抵扣进项税额加计 10% 抵减应纳税额，生活性服务业也需要其生活性服务销售额占全部销售额的 50% 以上。

2. 一般纳税人实际税负超过 3% 部分即征即退政策

（1）一般纳税人销售其自行开发生产的软件产品，按 13% 税率征收增值税后，对其增值税实际税负超过 3% 的部分实行即征即退政策。增值税一般纳税人将进口软件产品进行本地化改造后对外销售，也可享受上述实际税负超过 3% 的部分即征即退的政策。

（2）一般纳税人提供管道运输服务，对其增值税实际税负超过 3% 的部分实行增值税即征即退政策。

（3）经批准从事融资租赁业务的一般纳税人，提供有形动产融资租赁服务和有形动产融资性售后回租服务，对其增值税实际税负超过 3% 的部分实行增值税即征即退政策。

3. 无偿捐赠给目标脱贫地区的货物免征增值税

对单位和个体工商户将自产、委托加工或购买的货物通过公益性社会组织、县级及以上人民政府及其组成部门和直属机构，或直接无偿捐赠给目标脱贫地区的单位和个人，免征增值税。政策执行期间，目标脱贫地区实现脱贫的，可继续适用此政策。

4. 科技企业孵化器、大学科技园、众创空间税收优惠政策

对国家级、省级科技企业孵化器、大学科技园和国家备案众创空间自用以及无偿或通过出租等方式提供给在孵对象使用的房产、土地，免征房产税和城镇土地使用税；对其向在孵对象提供孵化服务取得的收入，免征增值税。

第二节 增值税的会计核算和处理

一、一般纳税人增值税的会计核算

增值税纳税人分为一般纳税人和小规模纳税人，划分的基本标准是纳税人年应税销售额的大小和资格条件。

> **政策提示：**
>
> 2018年5月1日起，增值税小规模纳税人标准为年应征增值税销售额500万元及以下。年应税销售额不能达到规定标准但符合资格条件的，也可登记成为增值税一般纳税人。
>
> 资格条件为：能够按照国家统一的会计制度规定设置账簿，根据合法、有效凭证核算，能够准确提供税务资料。

需要注意的是，年应税销售额是指纳税人在连续不超过12个月或4个季度的经营期内，累计应征增值税销售额，包括纳税申报销售额、稽查查补销售额、纳税评估调整销售额，为不含增值税的销售额。销售服务、无形资产或者不动产有扣除项目的纳税人，其年应税销售额按未扣除之前的销售额计算。

小规模纳税人在条件达标的情况下可登记成为增值税一般纳税人；但除国家税务总局另有规定外，一般纳税人不能转为小规模纳税人。

纳税人在年应税销售额超过规定标准的月份（或季度）所属申报期结束后15日内按照规定办理资格登记手续；未按规定时限办理的，主管税务机关应当在规定时限结束后5日内制作《税务事项通知书》，告知纳税人应当在5日内向主管税务机关办理相关手续。

了解了一般纳税人和小规模纳税人如何划分，我们再详细了解一般纳税人增值税的会计核算。增值税一般计税方法的公式如下：

> 当期应纳增值税税额＝当期销项税额－当期进项税额＝
> 当期销售额（不含增值税）× 适用税率－当期进项税额

（一）适用税率

我国增值税税率不断变化，2019年4月1日起，增值税基本税率为13%，低税率为9%和6%，还有一档零税率。企业根据自身经营业务范围，就可以知道适用税率。

（二）销项税额

纳税人发生应税销售行为时，按照销售额与规定的税率计算并向购买方收取的增值税税额，为销项税额。销项税额是纳税人按规定自行计算出来的，计算依据是不含增值税的销售额。

> 销项税额＝不含税销售额 × 税率
> 不含税销售额＝含增值税销售额 ÷（1+税率）

1. **一般处理方法**

一般销售方式下的销售额包括向购买方收取的全部价款和价外费用，价外费用是指价外向购买方收取的手续费、补贴、基金、集资费、返还利润、奖励费、违约金、滞纳金、延期付款利息、赔偿金、代收款项、代垫款项、包装费、优质费以及其他各种性质的价外收费。

价外费用一般为含税收入，在征税时换算成不含税收入，再并入销售额。

2. **特殊处理方法**

（1）折扣方式销售

企业进行折扣销售是日常经营活动中十分常见的行为，比如折扣销售、销售折扣、销售折让，这几种方式从名称看起来差不多，但三种方式的处理方法不同，容易混淆，一定要仔细区分其含义。

折扣销售就是商业折扣，是销售时折扣已经存在，简单来说，就是打折销售，需要在同一张发票上注明并在入账时直接扣除，符合发票管理规定的，可按折扣后的余额计算销项税额。企业在开具发票时，必须要将折扣的数额在金额栏里体现，如果发票金额栏开具的是销售全额，而在备注栏注明折扣，则按全额计入收入而折扣不得减除。

销售折扣就是现金折扣，现金折扣一般是企业为了鼓励购买方积极付款的措施，购买方在规定期限内付款可以少付一定比例的金额。销售时按照总价法计入收入，购买方少付的折扣金额，在实际发生时作为理财性支出计入财务费用，不得从销售额中减除。

销售折让是指企业将商品销售给买方后，如买方发现商品在质量、规格等方面不符合要求，买方可能要求在价格上给予一定的减让。已确认销售收入的售出商品发生销售折让，应在发生时冲减当期销售商品收入，还应冲减已确认的应交增值税销项税额，即在发生销售折让的当期，开具红字发票。

（2）以旧换新方式销售

一般按新货同期销售价格确定销售额，不得减除旧货收购价格，金银首饰以旧换新业务按销售方实际收到的不含增值税的全部价款征税。

（三）进项税额

进项税额，是指纳税人购进货物、劳务、服务、无形资产或者不动产所支付或者负担的增值税税额，购买方的进项税额，就是销售方的销项税额。我国现行进项税额抵扣的一般方式是凭票抵扣，也有一些特殊情况需要计算抵扣。

可抵扣增值税进项税额的扣税凭证包括增值税专用发票（含税控机动车销售统一发票）、海关进口增值税专用缴款书、完税凭证、农产品销售发票、农产品收购发票、收费公路通行费增值税电子普通发票，随着税控系统的不断升级，企业可以在网站或者开票软件上勾选需要抵扣的发票。

除了一般情况凭票抵扣之外，企业购进农产品，如果不能取得增值税专用发票或者海关进口增值税专用缴款书，按照农产品收购发票或者销售发票上注明的农产品买价和扣除率计算进项税额，此时可抵扣的进项税额＝买价×扣除率，买价包括纳税人购进农产品在农产品收购发票或者销售发票上注明的价款和按规定缴纳的税款。2019年4月1日起，企业购进农产品的扣除率调整为9%，如果企业购进农产品是为了进一步生产加工税率为13%的农产品，则扣除率为10%。

企业支付的过路、过桥等通行费，如果不能取得通行费增值税电子普通发票的，可暂凭取得的通行费发票上注明的收费金额计算可抵扣的进项税额。

企业取得可抵扣增值税进项税额的扣税凭证，也不表示全部可以抵税。如果购进的产品服务等是用于简易计税项目、免税项目、集体福利或者个人消费，是不允许抵扣进项税额的。企业因管理不善造成货物被盗、丢失、霉烂变质，相关的进项税额已经抵扣的，在当期进行进项税额转出。

企业为生产机器设备的增值税一般纳税人，2022年4月发生经营业务如下：

（1）购入生产用原材料，取得增值税专用发票上注明价款300万元，税额39万元，另支付运输含税运费27 250元，取得增值税专用发票；

（2）从小规模纳税人处购进原材料，支付价税合计金额454 500元，取得税务机关代开的增值税专用发票；

（3）因管理不善丢失上月从一般纳税人处购入的原材料一批，账面成本52 000元，其中含运费2 000元；

（4）销售自产设备20台，取得含税价款452万元，开具增值税专用发票。

甲企业上述需要认证的发票均已通过认证并允许在当月抵扣，上期留抵税额为 7 600 元。根据案例中的条件，计算甲企业 4 月应缴纳的增值税税额。

首先，我们来计算 4 月增值税销项税额，企业销售自产设备 20 台，取得含税价款 452 万元，销售货物增值税税率为 13%，进行价税分离如下：

销售额 =4 520 000÷（1+13%）=4 000 000 元；

销项税额 =4 000 000×13%=520 000 元。

事项（1）中，交通运输增值税税率为 9%，需要将含税运费 27 250 元进行价税分离，再计算可抵扣的进项税额：

事项（1）的进项税额 =27 250÷（1+9%）×9%+390 000=392 250 元。

事项（2）中，小规模企业由税务代开的增值税专用发票，税率为征收率即 1%（因为疫情，小规模纳税人减按 1% 征收），计算其可抵扣的进项税额 =454 500÷（1+1%）×1%=4 500 元；

进项税额 =392 250+4 500=396 750 元。

事项（3）中，企业管理不善造成的原材料损失，上月的进项税额已经抵扣，在本月要进行进项税额转出，账面成本均为不含税价格，直接乘以税率计算即可。

进项税额转出 =（520 00-2 000）×13%+2 000×9%=6 680 元；

上期进项税额留抵 =7 600 元；

根据公式，我们就可以计算出企业本期应当缴纳的增值税了。

应纳增值税税额 =520 000-396 750 + 6 680-7 600=122 330 元。

二、小规模纳税人增值税的会计核算

增值税小规模纳税人采用简易计税方法计算应纳税额，按照销售额和增值税征收率计算的增值税税额，不得抵扣进项税额。

> 应纳税额 = 不含税销售额 × 征收率
>
> 销售额 = 含增值税销售额 ÷（1+ 征收率）

从公式我们可以看出，小规模纳税人应纳税额的计算与一般纳税人销项税额的计算相似，不同的是将税率变成了征收率。我国增值税法规定征收率为 3%，某些特殊销售项目按照 3% 征收率减按 2% 征收增值税，全面营改增后的特殊项目采用特殊征收率 5%。

> **政策提示：**
>
> 《财政部 税务总局关于明确增值税小规模纳税人减免增值税等政策的公告》规定的税收优惠政策，增值税小规模纳税人，合计月销售额未超过 10 万元（以 1 个季度为 1 个纳税期的，季度销售额未超过 30 万元）的，免征增值税。在预缴地实现的月销售额超过 10 万元的，适用 3% 预征率的预缴增值税项目，减按 1% 预征率预缴增值税。

小规模纳税人增值税的计算与一般纳税人的计算相比相对简单，我们从一个案例中学习征收率的计算。

企业是从事咨询服务的小规模纳税人，2023 年 5 月发生经营业务如下：

（1）取得咨询业务收入含税金额 20.2 万元；

（2）转让一辆自用过 5 年的小汽车，取得含税转让收入 12.12 万元；

（3）签订合同出租一间办公室，预收 1 年租金 10.5 万元；

假设乙企业销售使用过的固定资产未放弃减税，根据案例中的条件，计算乙企业 5 月应缴纳的增值税税额。

咨询业务收入进行价税分离，销售额 =20.2 ÷（1+1%）=20 万元，应纳税额 =20×1%=0.2 万元；

小规模纳税人销售自己使用过的固定资产，适用于 3% 的征收率，根据最新优惠政策减按 1% 征收率征收，所以该企业转让一辆自用过的小汽

车其应纳税额 =12.12÷（1+1%）×1%=0.12 万元；

小规模纳税人出租（经营租赁）其取得的不动产（不含住房），适用于 5% 的征收率计算增值税，签订合同出租一间办公室业务的应纳税额 =10.5÷（1+5%）×5%=0.5 万元；

企业当月应缴纳的增值税税额 =0.2+0.12+0.5=0.82 万元。

小规模纳税人的不同业务适用的征收率不同，在日常账务处理中一定要加以区分，不要想当然地以为小规模纳税人的征收率都是 3%。国家税务总局给予小规模纳税人增值税上一定的税收优惠：如果是按月纳税的小规模纳税人，月销售额不超过 10 万元享受免税；如果是按季纳税的小规模纳税人，只要季度销售额不超过 30 万元，是可以按规定享受免税的。

因此，企业应当及时关注最新的税收优惠政策，提前做好税收筹划，合理安排经营业务。

三、增值税会计处理

1. 一般纳税人增值税会计处理

增值税一般纳税人应当在"应交税费"科目下设置"应交增值税""未交增值税""预交增值税""待抵扣进项税额""待认证进项税额""待转销项税额""增值税留抵税额""简易计税""转让金融商品应交增值税""代扣代交增值税"等明细科目。

在"应交增值税"明细账内设置"进项税额""销项税额抵减""已交税金""转出未交增值税""减免税款""出口抵减内销产品应纳税额""销项税额""出口退税""进项税额转出""转出多交增值税"等专栏。

全面营改增后，增值税是普遍征收的税种，处在不同行业的企业进行有关增值税的会计处理时也不相同，我们通过案例模拟日常有关增值税的会计核算，进行深入理解。

甲生产企业为增值税一般纳税人，20×1 年 3 月发生经营业务如下：

（1）销售自产 A 材料给乙公司，银行存款 282.5 万元已收讫，增值税专用发票已开具；

（2）从丙公司购进生产用原材料 70 吨，取得增值税专用发票上注明价款 200 万元，税额 26 万元，本期已认证允许抵扣，货款未付。

根据案例中的条件，计算甲企业 4 月应缴纳的增值税税额。

事项（1）中的假设条件，首先进行价税分离：

销售额 =282.5÷（1+13%）=250 万元；销项税额 = 250×13%=32.5 万元。

销售额和税额理论上我们应该知道怎样计算，在实际工作中，增值税专用发票上的金额栏和税费栏都直接给出金额，不需要再进行价税分离了。会计分录如下：

借：银行存款　　　　　　　　　　　　　　　　2 825 000
　　贷：主营业务收入　　　　　　　　　　　　　2 500 000
　　　　应交税费——应交增值税（销项税额）　　　325 000

企业销售货物、加工修理修配劳务、服务，应当按应收或已收的金额，借记"应收账款""应收票据""银行存款"等科目；按取得的收入金额，贷记"主营业务收入""其他业务收入"等科目。

事项（2）会计分录如下：

借：原材料　　　　　　　　　　　　　　　　　2 000 000
　　应交税费——应交增值税（进项税额）　　　　　260 000
　　贷：应付账款 – 丙公司　　　　　　　　　　　2 260 000

企业采购等业务进项税额允许抵扣销项税额，在购进阶段，会计处理时实行价与税的分离，属于价款部分，计入购入商品的成本；属于增值税税额部分，按规定计入进项税额。

假设企业上期留抵税额为 0，应交税费——应交增值税的明细账中，借方发生额 26 万元，贷方发生额 32.5 万元，期末余额在贷方，即 32.5-26=6.5 万元，本月应交增值税 6.5 万元。

某生产企业为增值税一般纳税人，2021 年 4 月发生与固定资产相关业务如下：

（1）销售自有的厂龄为10年的厂房取得不含税收入1 500万元。厂房为2011年购入，购入原价1 200万元，已计提折旧500万元，企业选择简易办法计税（不考虑增值税以外的其他税费）。

（2）销售自己使用过的A设备，取得含税销售收入103万元，A设备为2015年购入，购入时取得的普通发票上注明价税合计金额为120万元，已计提折旧40万元，该企业就该项业务未放弃减税；销售自己使用过的B设备，取得含税销售收入226万元，B设备为2017年购入，购入时取得的增值税专用发票上注明价款300万元，进项税额已抵扣，已计提折旧60万元。

假设上述固定资产，均仍有使用价值，根据案例中的条件，计算甲企业5月应交的增值税税额。

事项（1）中，企业销售其2016年4月30日前取得的不动产，自建的不动产除外，企业可以选择适用简易计税方法，以取得的全部价款和价外费用减去该项不动产购置原价，或者取得不动产时作价后的余额为销售额，按照5%的征收率计算应纳税额。

销售厂房应缴纳增值税=（1 500-1 200）×5%=15万元，会计分录如下：

借：固定资产清理	7 000 000
累计折旧	5 000 000
贷：固定资产——厂房	12 000 000
借：银行存款	15 150 000
贷：固定资产清理	15 000 000
应交税费——简易计税	150 000
借：固定资产清理	8 000 000
贷：资产处置损益	8 000 000

企业销售无形资产或不动产，应当按应收或已收的金额，借记"应收账款""应收票据""银行存款"等科目，按取得的收入金额，贷记"固定资产清理""工程结算"等科目，采用简易计税方法计算的应纳增值税额，

贷记"应交税费——简易计税"。

事项（2）中，企业销售自己使用过的 A 设备，A 设备为购进时不得抵扣且未抵扣过进项税额的固定资产，按照简易办法依照 3% 征收率减按 2% 征收增值税。

销售 A 设备应缴纳增值税 =103÷（1+3%）×2%=2 万元，会计分录如下：

借：固定资产清理	800 000
累计折旧	400 000
贷：固定资产——A 设备	1 200 000
借：银行存款	1 030 000
贷：固定资产清理	1 010 000
应交税费——简易计税	20 000
借：固定资产清理	210 000
贷：资产处置损益	210 000

企业销售自己使用过的 B 设备，为已经抵扣过进项税额的固定资产，按照适用税率 13% 计算缴纳增值税。

销售 B 设备的增值税销项税额 =226÷（1+13%）×13%=26 万元，会计分录如下：

销售 B 设备的会计分录：

借：固定资产清理	2 400 000
累计折旧	600 000
贷：固定资产——B 设备	3 000 000
借：银行存款	2 260 000
贷：固定资产清理	2 000 000
应交税费——应交增值税（销项税额）	260 000
借：资产处置损益	400 000
贷：固定资产清理	400 000

通过案例我们可以知道几个常见涉及增值税的业务如何进行会计核

算，下面我们介绍一些其他可能涉及增值税业务的核算方法：

（1）一般纳税企业提供应税服务，按照营改增有关规定，允许从销售额中扣除其支付价款或相关成本费用的，发生成本费用时，按应付或实际支付的金额，借记"主营业务成本""原材料""工程施工"等科目，贷记"应付账款""应付票据""银行存款"等科目。待取得合规增值税扣税凭证且纳税义务发生时，按照允许抵扣的税额，借记"应交税费——应交增值税（销项税额抵减）"或"应交税费——简易计税"科目，贷记"主营业务成本""原材料""工程施工"等科目。

（2）因发生非正常损失或改变用途等，原来购入时已计入进项税额，但是按现行增值税制度规定不得抵扣的，应当将进项税额转出，借记"待处理财产损益""应付职工薪酬"等科目，贷记"应交税费——应交增值税（进项税额转出）"科目。

（3）原不得抵扣且未抵扣进项税额的固定资产、无形资产等，因改变用途可抵扣的，应当在用途改变的次月调整相关资产账面价值，按允许抵扣的进项税额，借记"应交税费——应交增值税（进项税额）"科目，贷记"固定资产""无形资产"等科目，并按调整后的账面价值计提折旧或者摊销。

（4）企业应在"应交税费"科目下设置"未交增值税"明细科目，核算企业月份终了从"应交税费——应交增值税"科目转入的当月未交或多交的增值税；在"应交税费——应交增值税"科目下设置"转出未交增值税"和"转出多交增值税"专栏。这样可以分别反映增值税一般纳税人欠交增值税款和待抵扣增值税的情况，确保企业及时足额上交增值税。

月份终了，企业计算出当月应交未交的增值税，借记"应交税费——应交增值税（转出未交增值税）"科目，贷记"应交税费——未交增值税"科目。当月多交的增值税，借记"应交税费——未交增值税"科目，贷记"应交税费——应交增值税（转出多交增值税）"科目。

（5）企业当月缴纳增值税时，通过"应交税费——应交增值税（已交税金)"科目核算,借记"应交税费——应交增值税(已交税金)"科目,贷记"银行存款"科目。企业预缴增值税时,借记"应交税费——预交增值税"科目,贷记"银行存款"科目。月末,企业应将"预交增值税"明细科目余额转入"未交增值税"明细科目,借记"应交税费——未交增值税"科目,贷记"应交税费——预交增值税"科目。

2. 小规模纳税人增值税会计核算

小规模纳税人通过"应交税费——应交增值税"科目核算,不允许抵扣进项税额。

按现行增值税制度规定,企业发生相关成本费用允许扣减销售额的,发生成本费用时,按应付或实际支付的金额,借记"主营业务成本""原材料""工程施工"等科目,贷记"应付账款""应付票据""银行存款"等科目。待取得合规增值税扣税凭证且纳税义务发生时,按照允许抵扣的税额,借记"应交税费——应交增值税"科目,贷记"主营业务成本""原材料""工程施工"等科目。

四、不可忽视的视同销售

我们在本章第一节介绍增值税时,已经介绍过视同销售的八种类型。第一,增值税税款是按照商品的增值额作为计税依据,视同销售存在的目的首先是保证增值税税款抵扣的完整性,保证税款征收不在企业产生以上视同销售行为时发生中断;第二,视同销售征收增值税也是为了避免因上述行为造成的税负不平衡矛盾;第三,为了体现增值税计算的配比原则。

例如,企业自产货物赠送给其他单位这一视同销售行为,企业在进行原材料采购时已经获得供货方提供的增值税进项税额,如果不将企业的赠送视为销售行为,企业在赠送物资时则只产生进项税额,不产生销项税额,使得增值税抵扣链条出现断层和税负不均衡,也导致企业原材料购进环节和产成品售出环节增值税进项税额和销项税额不匹配情形。

企业会计在增值税税款缴纳时尤其应该注意视同销售行为,这类行为在发生时不像销售货物一样可以取得增值税专用发票,因此在进行纳税申报时应该注意各类视同销售行为,及时做好税务申报。视同销售的销售额应按照增值税税法规定的适用税率不同情况,分别填入申报表相应栏次。

某一般纳税人公司为礼品生产厂,20×1年1月1日,公司管理层决定发放元旦福利,故将本厂生产的甲型礼盒发放给员工,礼品市场价每盒200元,生产成本每盒100元,发放生产车间员工100盒,办公室员工30盒。

礼盒发放为企业将生产货物发放给员工,属于增值税视同销售行为,在会计处理时应该视同销售计算销项税额。该公司会计核算应做收入处理,具体操作如下。

宣告时,计提福利费用:

借:生产成本	22 600
管理费用	6 780
贷:应付职工薪酬——非货币性福利	29 380

领用发放时:

借:应付职工薪酬——非货币性福利	29 380
贷:主营业务收入	26 000
应交税费——应交增值税(销项税额)	3 380

同时结转成本

| 借:主营业务成本 | 13 000 |
| 　贷:库存商品——甲型礼盒 | 13 000 |

五、抄税、报税及税款缴纳的流程

抄税 → 报税 → 缴税

企业应当在每个征期，按照上图的顺序，进行抄报税工作。

(一) 抄税

抄税是国家通过金税工程来控制增值税专用发票的过程之一，随着税控系统不断升级，国家增值税发票的管控力度增大，税控软件越来越智能，让企业涉及的各种发票相关工作都变得简单了。

如果企业是增值税一般纳税人，每月月度终了都要抄税。由于不同省份使用的防伪税控软件不同，企业进行抄税时，需要在开票软件中点击"上报汇总"或者"远程抄报"等按钮。如果企业在规定时间内没有进行抄税，该所属税期增值税不能申报，而且超过规定日期后，企业也不能再开发票。需要注意的是，即使是增值税按季度申报的小规模纳税人，也需要每个月进行抄税和清卡，否则将影响开发票和季度申报。

(二) 报税

增值税一般纳税人申报表表单汇总

是否必填	表单名称
必填	增值税纳税申报表（一般纳税人适用）
必填	增值税纳税申报表附列资料一（本期销售情况明细）
必填	增值税纳税申报表附列资料二（本期进项税额明细）
必填	增值税纳税申报表附列资料三（服务、不动产和无形资产扣除项目明细）
必填	增值税纳税申报表附列资料四（税额抵减情况表）
必填	增值税减免税申报明细表
选填	成品油购销存情况明细表
选填	代扣代缴税收通用缴款书抵扣清单
选填	加油站月份加油信息明细表
选填	加油站月销售油品汇总表

上表是增值税一般纳税人报税时所需的表单，一般纳税人企业根据自身实际情况，选填成品油购销存等四个表单，必填表单按照由下至上

的顺序填写，即先填附表，最后填写主表。由于防伪税控系统智能化，销售情况明细表和本期进项税额明细表，系统会根据企业本月开具发票和勾选认证发票自动填入部分数据，会计只需要仔细核对并补充填写即可，防止有误及遗漏。

小规模纳税人申报增值税需要填报表单如下：

增值税纳税申报表（小规模纳税人适用）；

增值税纳税申报表附列资料；

增值税减免税申报明细表。

小规模纳税人的申报表与一般纳税人相比组成简单，仍然是由下至上顺序填写。企业根据自身实际情况，判断是否符合减免税政策，填报减免税申报明细表。需要注意的是，符合条件的月销售额不超过10万元的企业，免征增值税的销售额等项目应填写在"小微企业免税销售额"或"未达起征点销售额"相关栏目内。

（三）缴税

企业与开户银行和税务机关，签订《委托扣款协议书》，即三方协议。自行申报成功后，签订三方协议的企业可以在报税软件自动扣缴税款。一些没有签订三方协议的企业，可以选择其他方式进行缴税。

需要注意的是，企业申报成功后，必须在规定时间内缴纳税款，一般来说是次月的15日之前。纳税人未按照规定期限缴纳税款的，扣缴义务人未按照规定期限解缴税款的，税务机关除责令限期缴纳外，从滞纳税款之日起，按日加收滞纳税款万分之五的滞纳金。

六、日常做好应税项目的规划

增值税应税项目分为五大类，分别是销售或进口货物、提供加工修理修配劳务、提供应税服务、销售无形资产和销售不动产五大类。营改增后增值税的应税项目基本涵盖各个领域，尤其是应税服务类科目中有较多服务采用不同的增值税征收税率，需要企业会计人员做到心中有数。

企业会计人员取得增值税专用发票时，首先应该审核的是发票的内容，具体观察发票的填列是否符合税法标准，不标准的发票应拒收，并及时提醒相关企业和个人及时补开。其次是审核发票内容是否真实有效，观察发票签章，确认是否为本企业发生的经济活动。最后，应当审核发票开具经济业务是否属于增值税税款缴纳的项目。若企业取得的增值税发票不在可抵扣进项税额发票的范围之内，应及时标注，防止期末计提出现差错。若企业取得发票为税法规定的免税和减税项目，应及时将内容填列至企业的预计增值税申报表中，防止期末申报时发生错误。

另外，对于企业增值税相关法律制度规定的增值税免税和减税项目，由于相关优惠政策较多，企业在进行纳税筹划时，会计人员应该做到能够分辨企业业务是否处在增值税税收优惠政策之内，防止出现可减免而未减免事项发生。

会计人员在掌握以上方法的基础上，应该罗列企业基本的应税项目，分别将内容和税率做好样本统计，后期在收到类似发票时即可以根据内容迅速判断增值税税率，防止税率错误导致的企业税款差错产生。

我们做应税项目规划主要是由于营业税改征增值税后，有大量的应税项目税率发生了变化，企业会计人员在工作中很难将所有项目税率一一记牢，在开具或收到增值税专用发票时易发生填列税率错误行为。如果将应税税目做好规划，会计人员则能够快速识别税目及税率，预防出现此类错误。

第三节　增值税发票管理

一、增值税发票介绍

增值税一般纳税人发生应税行为，应使用增值税防伪税控系统开具增值税专用发票、增值税普通发票、机动车销售统一发票或者增值税电子普通发票。

1. 增值税专用发票

专用发票由基本联次或者基本联次附加其他联次构成。基本联次为三联：发票联、抵扣联、记账联，发票联为购买方记账使用，抵扣联由购买方认证使用，记账联为销售方核算记账使用。

小规模纳税人由税务代开增值税专用发票的联次是六联，第五联代开发票岗位留存，以备发票的扫描补录，第六联交税款征收岗位，用于代开发票税额与征收税款的定期核对，其他联次交增值税纳税人。

对于一般纳税人企业来说，不是所有的应税行为都能够开具增值税专用发票。商业企业一般纳税人零售的烟、酒、食品、服装、鞋帽、化妆品等消费品，不得开具增值税专用发票，但是劳保用品除外，销售免税货物也不得开具增值税专用发票。

小规模纳税人需要开具增值税专用发票的，可向主管税务机关申请代开。小规模纳税人自行开具增值税专用发票试点范围有住宿业、鉴证咨询业、建筑业、工业、信息传输、软件和信息技术服务业，扩大至租赁和商务服务业，科学研究和技术服务业，居民服务、修理和其他服务业，这些小规模纳税人可以自愿使用增值税发票管理系统自行开具。

2. 其他发票

增值税普通发票的格式、字体、栏次、内容与增值税专用发票完全一致，按发票联次分为两联票和五联票两种，基本联次为两联，记账联和发票联；此外为满足部分纳税人的需要，在基本联次后添加了三联的附加联次，即五联票，供企业选择使用。

自 2015 年 8 月 1 日起，在北京、上海、浙江和深圳开展增值税电子发票试运行工作；非试点地区，2016 年 1 月 1 日起使用增值税电子发票系统开具增值税电子普通发票。增值税电子普通发票的开票方和受票方需要纸质发票的，可以自行打印增值税电子普通发票的版式文件，其法律效力、基本用途和基本使用规定等与税务机关监制的增值税普通发票相同。

3. 首次申领增值税发票规定

同时满足下列条件的新办纳税人首次申领增值税发票，主管税务机关应当自受理申请之日起两个工作日内办结，有条件的主管税务机关当日办结：

（1）纳税人的办税人员、法定代表人已经进行实名信息采集和验证（需要采集、验证法定代表人实名信息的纳税人范围由各省税务机关确定）；

（2）纳税人有开具增值税发票需求，主动申领发票；

（3）纳税人按照规定办理税控设备发行等事项。

新办纳税人首次申领增值税发票主要包括发票票种核定、增值税专用发票（增值税税控系统）最高开票限额审批、增值税税控系统专用设备初始发行、发票领用等涉税事项。

税务机关为首次申领增值税发票的新办纳税人办理发票票种核定，增值税专用发票最高开票限额不超过 10 万元，每月最高领用数量不超过 25 份；增值税普通发票最高开票限额不超过 10 万元，每月最高领用数量不超过 50 份。各省税务机关可以在此范围内结合纳税人税收风险程度，自行确定新办纳税人首次申领增值税发票票种核定标准。

二、不能抵扣的进项发票的处理

进项税额是指纳税人购进货物、劳务、服务、无形资产、不动产时支付或者负担的增值税额。我们从销售方取得的增值税专用发票上即显示我们购进货物等所支付的增值税进项税额，作为增值税可抵扣的部分对纳税人实际纳税的数额产生极大影响，但是并不是纳税人支付的所有进项税额均可以从销项税额中抵扣。

1. 不可抵扣进项税额类型

（1）纳税人购进货物、劳务、服务、无形资产、不动产，取得的增值税扣款凭证不符合法律、行政法规或国务院税务主管部门有关规定的，进项税额不得抵扣；

（2）用于简易计税方法计税项目、免征增值税项目、集体福利或个人消费的购进货物、劳务、服务、无形资产和不动产；

（3）非正常损失的购进货物以及相关劳务和交通运输服务；

（4）非正常损失的在产品、产成品所消耗的购进货物、劳务和交通运输服务；

（5）非正常损失的不动产，以及该不动产所耗用的购进货物、设计服务和建筑服务；

（6）非正常损失的不动产在建工程所耗用的购进货物、设计服务和建筑服务；

（7）购进的贷款服务、餐饮服务、居民日常服务和娱乐服务；

（8）纳税人接受贷款服务向贷款方支付的与支付该笔贷款相关的投融资顾问费、手续费、咨询费等费用；

（9）提供保险服务的纳税人以现金赔付方式承担机动车辆保险责任的，将应付给被保险人的赔偿金直接支付给车辆修理劳务提供方，不属于保险公司购进车辆修理劳务，进项税额不得抵扣；

（10）其他情形。

2. 不可抵扣发票的管理

在实际工作中，会计人员应该及时区分本企业获得的增值税专用发票是否可以抵扣，属于不得抵扣进项税额但是没有抵扣的，无须进行转出操作；属于不得抵扣进项税额但是已经进行抵扣的，则要将已抵扣的进项税额做转出处理。

某企业2021年1月1日购进一批产品用于管理部门办公室员工福利，收到供货商开具的增值税专用发票，发票载明产品100 000元，增值税税额13 000元，以银行存款支付。

由于购进货物用于集体福利的属于非增值税应税项目，故应该将增值税税额计入成本。

借：应付职工薪酬——非货币性福利　　　　　　　113 000
　　贷：银行存款　　　　　　　　　　　　　　113 000
借：管理费用　　　　　　　　　　　　　　　　113 000
　　贷：应付职工薪酬——非货币性福利　　　　113 000

B企业2020年年末盘亏原材料5 000元，购入时增值税税率13%，已经抵扣，经清查属于库管员保管不善，经理批准结果为，库管员赔偿一半金额，剩下部分计入企业管理费用。

保管不善损失为非正常损失，增值税进项税额不得抵扣，原材料在购进时的进项税额已经抵扣，故应该将已抵扣的进项税额进行转出，会计上应该做如下分录：

发现盘亏时：

借：待处理财产损溢——待处理流动资产损溢　　5 650
　　贷：原材料　　　　　　　　　　　　　　　5 000
　　　　应交税费——应交增值税（进项税额转出）　650

经理批准：

借：其他应收款——库管员　　　　　　　　　　2 825
　　管理费用　　　　　　　　　　　　　　　　2 825
　　贷：待处理财产损溢——待处理流动资产损溢　5 650

三、增值税发票管理的重要性

增值税作为企业缴纳税款的一大类税目，对企业税收的缴纳基数有很大影响。发票作为会计核算的原始依据，是税务机关进行执法检查的资料来源。发票管理制度的完善是单位内部控制的重要环节，但在企业日常经营中，常常发生忽略发票管理的情形。因此，企业有必要加强发票管理和控制，从而提高企业的风险管理质量，降低企业的税收风险。

1. 强化发票管理观念

企业首先应该在内部建立完善的责任追究制度，从制度上限制员工产生道德风险和操作风险的产生。其次部分财务人员开具发票时可能会出现增值税发票适用税率不明、开具发票金额或货物名称错误等问题，导致企业需要开具红字发票进行冲减，从而产生税收风险。所以企业应该加强员工对于发票管理的重视，做好财务人员培训工作，从根源上解决企业发票管理不合规问题。

不仅是财务人员，企业还应该做好业务员的培训工作。企业在实际工作中索要发票的人员往往是业务人员，而他们很难正确分辨发票的合规性。业务人员往往会收到格式不规范票据等，如填写错误发票、假发票、二手发票等，影响财务人员税收缴纳工作的时效性，从而对企业税收产生影响。

2. 发票类型管理

在前面小节我们已经介绍增值税发票的类型，对于企业而言，取得发票的种类也会影响企业的税负。一般而言，企业取得的增值税发票主要有增值税专用发票、增值税普通发票和未取得增值税发票三种类型。企业获得增值税专用发票的，可以依据发票注明的税收金额进行进项税额的抵扣，从而减少增值税的应纳税额，节省企业成本，增加账面利润；而取得普通发票则不能获得进项税额抵扣，不能减少企业增值税的纳税金额；而对于不取得增值税发票的，尽管因为不开发票减少了税款缴纳，但是会在税务机关进行税务检查时被发现，从而产生行政处罚，对于企业来说是一项不必要的支出。

3. 发票抵扣管理

在实际税款征收过程中，增值税一般纳税人经常出现增值税进项税额超期未抵扣的情形。按照规定，企业因为特殊原因造成进项税额超期未抵扣的，可以前往税务机关进行补缴，但是不符合超期抵扣规定的，不得抵扣。当企业超期抵扣金额可以补充抵扣时，需要准备较多资料前往税务机关办理，无疑增加了会计人员的工作量；而超期抵扣不符合要求的，则会造成企业税负的增加。因此，企业在取得增值税专用发票时应该在规定期限内及时抵扣进项税额，防止出现超期不得抵扣的情形。

第四节　增值税纳税筹划

增值税的税务筹划并不是偷税漏税。企业财务处理不规范不但会给企业带来经济损失，严重的还需要负法律责任。税务筹划是基于对企业实际经营业务的仔细分析，在合理合法的前提下，通过少缴税款给企业带来现金流量，以实现企业利润最大化的目标。

一、增值税纳税筹划思路

下面我们从几个方面简述税务筹划的方法，旨在拓展企业节税思路，使企业认识到税务筹划的重要性。

1. 一般纳税人或小规模纳税人

增值税小规模纳税人的标准为应征增值税销售额 500 万元及以下，未达到标准但符合条件的企业也可登记为一般纳税人。企业在纳税人身份选择上，需要考虑企业的收入、毛利率、可抵扣进项税额占销项税额比例、净利润等方面。企业可以根据以往年度的经营状况，对未来经营进行合理估计，从短期和长期两个方面考虑，选择对企业最有利的身份。

2. 容易被忽视的价外费用

销售货物或者应税劳务向购买方收取的全部价款和价外费用，一并计入销售额，计算增值税。价外费用包括手续费、补贴、基金、集资费、包装费、返还利润、奖励费、运输装卸费、代收款项、代垫款项及其他各种性质的价外费用。企业需要合理、准确判断哪些属于价外费用，哪些不属于价外费用，注意增值税纳税义务发生的具体时间。

3. 收款方式大不同

不同的收款方式，确认收入的时间是不同的，列举三种付款方式比较：

（1）采取直接收款方式销售货物，不论货物是否发出，均为收到销售款或者取得索取销售款凭据的当天；

（2）采取赊销和分期收款方式销售货物，为书面合同约定的收款日期的当天；

（3）采取预收货款方式销售货物，为货物发出的当天。

只是这三种付款方式，收入确认时间就大不相同，企业需要结合其他税种，综合判断延期确认收入对应纳增值税的影响，选择对企业最有利的收款方式。

4. 减免政策优惠多

国家为了扶持中小企业经营推出了一系列减税降费的政策，例如小微企业的税收优惠、资源综合利用鼓励节能减排的优惠、出版物的先征后退、研发机构采购设备的优惠、安置残疾人单位的优惠等，还有一些地方性税收优惠政策。

二、巧用小微企业的优惠政策进行纳税筹划

国家税务总局就小微企业有一系列的纳税优惠政策，企业会计人员应该时刻关注国家税务总局发布的与本企业有关的税收优惠信息。本身符合小微企业标准的纳税人，在进行日常纳税时要多查多看，符合纳税优惠项目要及时申报减免。

若企业为一般纳税人，可以采用分立的方式进行纳税筹划。一般纳税人可以利用小微企业的优惠方式，在已有企业的情况下重新设立符合标准的小微企业，以享受小微企业税收优惠政策。我们以案例形式进行说明。

某公司为一般纳税人，月均不含税销售额300万元，月均取得增值税进项税额10万元，增值税税率13%，本月应缴纳增值税税额300×13%-10=29万元。

若公司有一个小规模纳税人为子公司，将自身销售额中属于子公司的10万元下放至子公司。重新计算增值税税额时，月销售额不超过10万元免征增值税，因此本月公司和子公司合计征收增值税税额=290×13%-10=27.7万元，对比减少增值税税额1.3万元。

我们在案例中忽略了子公司的设立及经销流程，因此在实际工作中减免的税负与案例有差异波动。但是总体而言，一般纳税人企业如果可以分立小规模纳税人企业，对于总公司的税收减免有一定帮助，企业可以根据自身实际情况设计分立公司。

三、不同供应商的抉择

在计算增值税税额时，企业选择不同的供应商也会导致企业增值税税额的变化。由于采用不同增值税征收方法的供应商增值税税率不同，企业在计算增值税时产生的税收成本也会产生差异，因此企业在选择供应商时也应该考虑供应商增值税税率，利用供货对象进行增值税税收筹划。

当企业是一般纳税人，在进行材料采购时，应该考虑供应商开具发票的类型。选择一般纳税人作为供应商的，供应商可以开具增值税专用发票，由于进项税额可以抵扣，本企业在计算增值税税额时进行抵减，可以减轻企业税负；同时，供应商为一般纳税人时，其企业经营管理比小规模纳税人更加规范，从采购到交货企业较为放心；并且一般规模较大的供应商，产品的质量和合格率也有保障。

企业若选择小规模纳税人作为供应商，此时与一般纳税人供应商相比，由于小规模纳税人开具的普通发票无法在增值税缴纳时抵扣进项税额，因此小规模纳税人的价格一般较低。企业此时应该考虑比较小规模纳税人供货价格的减少幅度与一般纳税人可抵扣增值税进项税额的额度。

同时，如果小规模纳税人供货商可以代开增值税专用发票，企业只能按照3%（2020—2023年政策优惠是按照1%计算，但此处例子还是按照3%征收率计算）的征收率进行进项税额抵扣，此时应该考虑将该供货商进项税额抵扣金额和供货价格降幅的总和与一般纳税人供货商的进项税额抵扣额度进行比较，以选择最适合企业的供应商类型。

假设 S 企业为一般纳税人，要采购一批原材料，企业所得税税率为 25%，此处不考虑城建税和教育及地方附加费。现在有三个供货商可供选择：

供货商 A，一般纳税人，增值税税率 13%，可提供增值税专用发票，报价单件 600 元；

供货商 B，小规模纳税人，增值税税率 3%，可代开增值税专用发票，报价单件 550 元；

供货商 C，小规模纳税人，增值税税率 3%，可开具增值税普通发票，报价单件 500 元。

我们分别计算不同供应商对企业净利润的影响额：

假设选择供应商 A，则对企业净利润影响额为 =［-600/（1+13%）］×（1-25%）=-398.23 元；

假设选择供应商 B，则对企业净利润影响额为 =［-550/（1+3%）］×（1-25%）=-400.49 元；

选择供应商 C 对企业净利润影响额为 =-500×（1-25%）=-375 元。

计算可得供应商不同，对企业净利润的影响不同，本案例 S 公司应该选择 C 公司作为供应商，此时企业获得的净利润最大。企业在选择供应商时，不应只按照供应商的增值税缴纳方法作为判断依据，而是应该将价格水平也列入考虑范畴。

四、如何用纳税人身份进行纳税筹划

我们知道企业可以选择一般纳税人和小规模纳税人作为自己的纳税人身份，不同的纳税身份享受的企业税收优惠政策不同，企业应该根据自己的经营状况和具体规模确定纳税身份。

税法规定，小规模纳税人标准为纳税人年应征增值税销售额 500 万元及以下，同时纳税人会计核算不健全，不能报送完整的税务资料。若企业年销售额未超过小规模纳税人，但可以进行完整的会计核算并报送相关资料的，可以登记为一般纳税人。除国家另有规定外，企业登记为一般纳税人后，不得转为小规模纳税人。企业可以根据自身税负水平从小规模纳税人转换为一般纳税人，以减少企业增值税税收金额。

假设一小规模纳税人某年增值税含税销售额为450万元，但会计核算完整，可以报送相关税务资料，当年从一般纳税人处购进含税价格400万元的原材料。

按照小规模纳税人的计税标准，若增值税征收税率均为3%，则该年度应该缴纳增值税税款金额=450/（1+3%）×3%=13.11万元。

若该纳税人当年转为一般纳税人，增值税征收税率为13%，则当年年度应该缴纳增值税税款金额为=450/（1+13%）×13%-400/（1+13%）×13%=5.75万元。

由于企业为一般纳税人时缴纳的税款远远小于小规模纳税人，所以此时企业应该考虑转为一般纳税人进行税款缴纳，以减少增值税税额。

案例中为了简便，没有考虑企业所得税和企业城市维护建设税与教育附加费以及地方附加费，仅仅按照增值税税额的高低进行抉择。在实际工作中，企业纳税身份的选择要综合企业实际情况，考虑影响企业利润的各个因素进行税收筹划。例如不同纳税身份下企业享受的税收优惠政策、企业取得供应商增值税发票的类型，还有当下的税收政策等。

五、利用不同的促销方式进行纳税筹划

企业的促销方式主要有商业折扣（折扣销售）、实物折扣、销售折让和销售折扣。这里我们需要明确的是，商业折扣应该在增值税发票金额栏体现，计算增值税时以销售额为依据；实物折扣的计税基础包括赠品；销售折让按照实际销售额进行计税，发生折让时，扣减当期销项税额。销售折扣的金额不得从销售额中扣减，在计算增值税税款时应该按照企业实际的销售额进行增值税税款计算，企业提前付款而减少的销售额计

入销售费用。

下面我们通过案例形式向大家展示销售方式节税的选择。

S企业在销售一批产品，销售单价10万元，假设该产品每件不含税购进成本为6万元，现A公司要购买200万元商品，有三种销售方案供选择。

方案一：采用商业折扣，给予购货方9.5折优惠，实际付款金额为190万元。

方案二：采用实物折扣，销售价格200万元，再加赠10万元商品给购货方。

方案三：采用折让销售，销售价格200万元，后续商品出现质量问题，经过商议，S企业决定给A公司销售额5%折让，开具红字发票。

方案四：采用销售折扣，销售价格200万元，若企业10天内付款，给予5%销售折扣；20天内付款，给予3%销售折扣；20天以上无折扣。

我们分别计算不同销售方案的增值税税额：

方案一增值税税额 $=190 \times 13\% - 120 \times 13\% = 9.1$ 万元；

方案二增值税税额 $=210 \times 13\% - 130 \times 13\% = 10.4$ 万元；

方案三增值税税额 $=200 \times 13\% - 200 \times 5\% \times 13\% - 120 \times 13\% = 9.1$ 万元；

方案四增值税税额 $=200 \times 13\% - 120 \times 13\% = 10.4$ 万元。

可以看出企业选择方案二时增值税税额最大，选择方案一和方案三时增值税税额相同，仅考虑增值税时，可以选择方案一或方案三进行销售。但综合考虑方案一是最优选择，因为销售折让是产品出现问题的时候做出的，如果产品没有质量问题，那就不存在折让的情况。

需要注意的是，在选择销售方案时不能完全依靠增值税税额大小进行方案决策。在案例中，选择方案一和方案三，企业的成本相同；选择方案二和方案四会导致企业的成本费用增加，成本费用变化将引起企业利润变化，从而导致所得税变化。另外一点，采用方案三增值税税额虽然与方案一相同，但是购货方购货体验不同。因此企业在选择销售方案时应该综合考虑，不要将增值税作为节税的唯一指标。

六、利用不同结算方式进行纳税筹划

企业在日常销售活动中，销售货物时可以采取不同的销售结算方式，因此产生的纳税义务时间不同。

按照税法规定，纳税人采用直接收款方式销售货物的，以收到销售款或者取得销售凭证当天为纳税义务时间；托收承付和委托银行收款销售货物的，纳税义务时间为发出货物并办理托收手续当天；赊销和分期收款方式销售货物的，纳税义务时间为合同约定收款日期当天，没有约定的为货物发出当天；预收款销售的纳税义务时间为货物发出当天，但生产销售生产工期超过12个月的大型机械设备、船舶、飞机等的，为收到预收款或书面合同约定的收款日期的当天等。

根据税法规定的纳税义务时间的不同，可以适当延缓企业增值税的纳税时间，减少当期的实际税负，当实际收到货款时，再进行税收缴纳，以增加企业的货币时间价值。当企业采取赊销或者分期付款方式销售货物时，也可以缓解购买方的资金压力。

假设S公司为某机械设备制造企业，2021年4月发生不含税销售额600万元，增值税税率13%，不考虑企业进项税额，同年银行存款利率为年化5%。购货企业给出三种结算货款方式供S公司选择。

方案一：采用直接收款方式结算，一次付清。

方案二：采用分期付款方式结算，3个月付清，每月支付货款201万元和税金26.13万元。

方案三：采用赊销方式结算，2021年12月一次付清价款605万元。

分别计算企业销项税额：

采用方案一进行结算，企业当期缴纳增值税税额=600×13%=78万元；

采用方案二进行结算，企业当期缴纳增值税税额 =201×13%=26.13 万元；

采用方案三进行结算，企业当期无须缴纳增值税，企业当年 12 月缴纳增值税税额 =605×13%=78.65 万元。

通过计算可以看出，若采用方案一进行税款缴纳，4 月企业应该缴纳税款 78 万元；而采用方案二进行税款缴纳，企业 4 月份只需缴纳税款 26.13 万元；采用方案三进行税款缴纳，企业 4 月份增值税税款金额为 0。方案二和方案三应该缴纳的增值税税款将在以后月份进行缴纳，这两种方法将纳税的时间进行了递延，由此产生部分货币时间价值由 S 公司及购货方占用。S 公司可以根据自身资金流和购买方的资金情况进行方案选择，若当月 S 公司资金紧缺，可以选择方案一进行收入确认；若当月资金充足，则可以考虑方案二和方案三进行收入确认，在当期税款减少的同时还可以获得货币的时间价值。

七、利用免税政策进行纳税筹划

当前财政部、税务总局规定，对月销售额 10 万元以下（含本数）或季销售额 30 万元以下（含本数）的增值税小规模纳税人，免征增值税。这大大减轻了小规模纳税人的税负压力。

如果企业满足国家规定免征增值税的条件，则可进行相应的纳税筹划，以便享受国家规定的税收优惠。企业在日常经营中应随时调整自身销售曲线，尽量满足优惠政策规定标准，以减少企业税负。假设某小规模纳税企业，增值税征收税率为 3%，按月缴纳增值税，某月产生销售额为 10 万元或 10 万元以下，则该月无需缴纳增值税，对于小微企业而言每月可以节省几千元的增值税。

1. 纳税申报期限选择

小规模纳税人可以选择按月申报和按季申报增值税，在进行期限选择时，应该根据自身情况合理选择。

C企业为小规模纳税人，2022年1月到3月不含税销售额分别为20 000元、80 000元和160 000元。

企业选择按月申报时，前3个月应交增值税＝（20 000+80 000）×1%+160 000×3%=5 800元。

如果企业选择按季申报时，由于1～3月销售额总计260 000元，增值税为2 600元。

根据以上案例可以看出，不同申报期限可以为企业带来不同税收负担。纳税人在选择申报期限时，应该综合企业自身销售波动情况，选择适合的纳税申报期限。

2. 销售额调整

对于已经选定申报期限的，由于企业纳税申报期限一经选择，一个会计年度内不得变更，因此企业在进行纳税筹划时，应及时将本企业的销售订单汇总，减少出现月或季销售额超过纳税起征点的情况发生。

我们对以上这个案例进行分析，若企业已经选择按月缴纳增值税，2月及3月会计人员进行汇总统计时及时发现本月的销售额将要达到起征点10万元，应及时通知销售人员尽量将本月订单迁移至下月，及时与购货方协商订单的签订时间，保证企业每月销售额度在税收优惠标准之内，具体操作时可以选择不同结算方式，如分期收款、赊销等方式，均衡各月收入。

第三章

消费税的会计核算与纳税筹划

第一节　消费税的会计核算和处理

一、消费税相关概念

1. 概述

消费税是指国家制定的用以调整消费税征收与缴纳相关权利和义务关系的法律规范，它是指对消费品和特定的消费行为按流转额征收的一种商品税。消费税主要以消费品为课税对象，属于间接税，价税随价格转嫁到消费者负担，消费者是税款的实际负担者。

现行的消费税基本规范是国务院颁布的《中华人民共和国消费税暂行条例》和财政部、国家税务总局颁布的《中华人民共和国消费税暂行条例实施细则》。对于国家而言，消费税的征收有较强的选择性，是国家贯彻消费政策、引导消费结构并引导产业结构的重要手段，在保证财政收入方面有重要意义。

2. 纳税义务人和税目

消费税的纳税义务人主要指在中国境内生产、委托加工和进口消费税暂行条例规定的消费品的单位和个人，以及国务院确定的销售《中华人民共和国消费税暂行条例》规定的消费品的其他单位和个人。

消费税的征收范围比较狭窄，根据相关条例规定，目前消费税税目包括烟、酒、化妆品、贵重首饰及珠宝、鞭炮、焰火、成品油、小汽车、摩托车、高尔夫球及球具、高档手表、游艇、木制一次性筷子、实木地板、电池和涂料等十五种税目。

3. 征收环节

目前对消费税的征收分布于六大环节：

（1）对生产应税消费品在生产销售环节征税；

（2）对委托加工应税消费品在委托加工环节征税；

（3）对进口应税消费品在进口环节征税；

（4）对零售特定应税消费品在零售环节征税；

（5）对移送使用应税消费品在移送使用环节征税；

（6）对批发卷烟在卷烟的批发环节征税。

4. 税率

消费税实行从价定率、从量定额，或者从价定率和从量定额复合计税的办法计算应纳税额，计税依据包括销售额和销售数量，所以，消费税的税率采用比例税率和定额税率两种基本形式。比例税率中最高比例税率为56%、最低为1%，定额税率最高为每征税单位250元。消费税税目税率见下表：

消费税税目税率表

税　目	税　率
生产环节：甲类卷烟 调拨价70元（不含增值税）/条以上（含70元）	56% 加 0.003 元 / 支
生产环节：乙类卷烟 调拨价70元（不含增值税）/条以下	36% 加 0.003 元 / 支
商业批发环节：甲类卷烟乙类卷烟	11% 加 0.005 元 / 支
雪茄	36%
烟丝	30%
白酒	20% 加 0.5 元 /500 克（mL）
黄酒	240 元 / 吨
甲类啤酒	250 元 / 吨
乙类啤酒	220 元 / 吨
其他酒	10%
高档化妆品	15%
金银首饰、铂金首饰和钻石及钻石饰品	5%
其他贵重首饰和珠宝玉石	10%
鞭炮、焰火	15%
汽油	1.52 元 / 升

续上表

税　　目	税　率
柴油	1.20 元 / 升
航空煤油	1.20 元 / 升
石脑油	1.52 元 / 升
溶剂油	1.52 元 / 升
润滑油	1.52 元 / 升
燃料油	1.20 元 / 升
气缸容量 250 毫升（含 250 毫升）以下的摩托车	3%
气缸容量 250 毫升以上的摩托车	10%
气缸容量在 1.0 升（含 1.0 升）以下的乘用车	1%
气缸容量在 1.0 升以上至 1.5 升（含）的乘用车	3%
气缸容量在 1.5 升以上至 2.0 升（含）的乘用车	5%
气缸容量在 2.0 升以上至 2.5 升（含）的乘用车	9%
气缸容量在 2.5 升以上至 3.0 升（含）的乘用车	12%
气缸容量在 3.0 升以上至 4.0 升（含）的乘用车	25%
气缸容量在 4.0 升以上的乘用车	40%
中轻型商用客车	5%
超豪华小汽车（加征零售环节）	10%
高尔夫球及球具	10%
高档手表	20%
游艇	10%
木制一次性筷子	5%
实木地板	5%
电池	4%
涂料	4%

关于税目税率表的几点说明：

（1）只有卷烟在商业批发环节缴纳消费税，雪茄烟、烟丝以及其他应税消费品在商业批发环节只缴纳增值税，不缴纳消费税。批发商之间销售卷烟不缴纳消费税，只有批发商出售给零售企业或者消费者，才需要缴纳批发环节的消费税，批发环节不能抵扣以前环节消费税。

（2）啤酒分为甲类啤酒和乙类啤酒，啤酒分类标准为：每吨出厂价（含包装物及包装物押金）3 000元（含3 000元，不含增值税）以上是甲类啤酒，啤酒包装物押金不包括重复使用的塑料周转箱的押金。

果啤属于啤酒税目，葡萄酒属于其他酒税目，饮食业、娱乐业自制啤酒按照甲类啤酒税率计税，调味料酒不属于消费税的征税范围。

（3）金，银，金基、银基合金首饰，金，银和金基、银基合金的镶嵌首饰，钻石、钻石饰品以及铂金首饰在零售环节缴纳消费税，除此之外的其他首饰，在生产销售环节征收消费税。金银首饰连同包装物销售的，无论包装是否单独计价、会计上如何核算，应当并入金银首饰的销售额计征消费税。

（4）超豪华小汽车为每辆零售价格130万元（不含增值税）及以上的乘用车和中轻型商用客车，在生产（进口）环节按现行税率征收消费税基础上，在零售环节加征消费税。

需要注意的是，企业兼营不同税率的应当缴纳消费税的消费品，不能够分别核算销售额、销售数量，要按照所包含消费品的税目税率表，从高适用税率。企业将不同税率的应税消费品组成成套消费品销售的，从高适用税率。

二、消费税的会计核算

从消费税的税目税率就可以看出，有些税率是比例税率，有些税率是定额税率，有些税率是比例税率加上定额税率，所以我们计算消费税时，也分为从价计征、从量计征、复合计征这三个方面。

从价计征

应交消费税＝销售额（不含增值税等其他税款）× 税率

销售额是纳税人销售应税消费品向购买方收取的全部价款和价外费用，这里的销售额是不含增值税但包含消费税的销售额。增值税是价外税，而消费税是价内税，平时我们常说的"不含税价"，指的是不含增值税包含消费税的价格。价外费用是指价外收取的基金、集资费、返还利润、补贴、违约金和手续费、包装费、优质费、运输装卸费等。价外费用中如含有增值税税金时，应进行增值税价税分离，换算为不含增值税的销售额。

从量计征

应缴消费税 = 数量 × 定额税率

这里的数量为销售数量、移送使用数量等，在计算时，要注意计量单位的换算。

复合计征

应缴消费税 = 销售额 × 税率 + 数量 × 定额税率

目前消费税税目中只有卷烟、白酒采用复合计税的方法，复合计征就是将从价计征和从量计征计算的消费税加总求和。

了解消费税的几种计算方法之后，我们结合案例来看看涉及应税消费品的企业，在生产加工销售等各个环节是如何计算消费税的。

（一）生产销售环节应纳消费税的计算

对于生产应税消费品企业，将产品直接对外销售的，按照应税消费品适用的税目税率计算消费税。如果生产企业将自产的应税消费品用于连续生产应税消费品的，不需要计算缴纳消费税，因为后续加工的产品在出厂销售时，需要缴纳消费税。如果生产企业将自产的应税消费品用于生产非应税消费品、在建工程，用于管理部门、非生产机构、提供劳务，用于馈赠、赞助、集资、职工福利、奖励等方面，需要在移送使用时计算并缴纳消费税，因为后续环节不需要再缴纳消费税。

2022年3月，某企业生产粮食白酒50吨全部用于销售，当月取得不含税销售额200万元，同时收取品牌使用费10万元，当期收取包装物押金2万元，品牌使用费和包装物押金均不含税，计算该企业本月需要缴纳多少消费税？

白酒的消费税税率为20%加0.5元/500克（mL），我们将计量单位进行换算以便于计算：

计量单位	500克（mL）	1公斤（1 000克）	1吨（1 000千克）
单位税额	0.5元	1元	1 000元

从价计征消费税=（200+10+2）×20%=42.4万元。

上述案例中品牌使用费和包装物押金均应计入消费税的计税依据，案例中这两项为不含税价格，如果是含税价，还需要进行增值税价税分离，计算消费税的计税依据是不含税的销售额。

从量计征消费税=50吨×1 000元/吨=5万元。

应缴纳消费税=42.4+5=47.4万元。

2022年4月，该企业将自产粮食白酒1吨发放职工福利，成本4 000元/吨，成本利润率5%，那么该企业4月需要缴纳多少消费税？

在第一个案例中，我们知道白酒是从价定率与从量定额符合计税的税目，需要从这两个方向计算消费税，但是在第二个案例中，从价定率计算中的"价"在哪里呢？

企业自产自用的应税消费品，用于后续非消费税应税项目的，应当缴纳消费税，具体分以下两种情况：

（1）有同类消费品的销售价格的，按照同类消费品的销售价格计算纳税：

应纳税额=同类消费品销售单价×自产自用数量×适用税率

（2）自产自用应税消费品没有同类消费品销售价格的，按照组成计税价格计算纳税：

从价定率的组成计税价格=（成本+利润）÷（1-比例税率）

=[成本×（1+成本利润率）]÷（1-比例税率）

复合计税的组成计税价格=（成本+利润+自产自用数量×定额税率）÷（1-比例税率）

=[成本×（1+成本利润率）+自产自用数量×定额税率]÷（1-比例税率）

我们先计算 1 吨白酒从量计征消费税为 1 000 元，组成计税价格按照公式计算如下：

从价计征消费税的组成计税价格 =［4 000 ×（1+5%）+1 × 1 000］÷（1-20%）=6 500 元。

所以该企业 1 吨白酒应缴纳消费税 =6 500 × 20%+1 × 1 000=2 300 元。

心细的读者可能注意到了，在实际计算时加上了从量计征的消费税 1 000 元，这是因为消费税是价内税，应该包含在价格之内。

（二）委托加工应税消费品应纳税额的计算

委托加工应税消费品是指委托方提供原料和主要材料，受托方只收取加工费和代垫部分辅助材料加工的应税消费品。由受托方提供原材料或其他情形的一律不能视同加工应税消费委托加工的应税消费品，除受托方为个人外，由受托方在委托方交货时代收代缴税款；委托个人加工的应税消费品，由委托方收回后缴纳消费税。

如果委托加工的应税消费品提货时受托方没有代收代缴消费税，委托方要补交税款。委托加工的应税消费品在提取货物时已由受托方代收代缴了消费税，委托方收回后以不高于受托方计税价格直接销售的，不再缴纳消费税；高于受托方计税价格销售的，需缴纳消费税，并可在符合条件的前提下，抵扣该消费品委托加工环节被代收的消费税。

符合委托加工条件的应税消费品的加工，消费税的纳税人是委托方。不符合委托加工条件的应税消费品的加工，要看作受托方销售自制消费品，消费税的纳税人是受托方。

委托加工的应税消费品，按照受托方的同类消费品的销售价格计算纳税，没有同类消费品销售价格的，按照组成计税价格计算纳税。

从价计征的组成计税价格 =（材料成本 + 加工费）÷（1- 比例税率）

复合计税的组成计税价格 =（材料成本 + 加工费 + 委托加工数量 × 定额税率）÷（1- 比例税率）

和自产自用的组成计税价格相比，"成本 + 利润"项目替换成"材料成本+加工费"，这里的材料成本，是指委托方所提供加工材料的实际成本，包含采购材料的运输费、采购过程中的其他杂费和入库前整理挑选费用等。如果加工合同上未如实注明材料成本的，受托方所在地主管税务机关有权核定其材料成本。加工费指受托方加工应税消费品向委托方所收取的全部费用，包括代垫辅助材料的实际成本（不包括增值税）。

20×1年5月，甲企业委托乙企业加工高尔夫木制杆头，原木的成本为37.8万元，支付不含税运费2万元，不含税加工费12万元，已取得乙公司开具的增值税专用发票。乙公司没有同类产品的销售价格，计算收货时由乙公司代扣代缴了消费税税额。

高尔夫球及球具适用于从价计征的比例税率10%，所以用组成计税价格计算消费税。我们来回顾一下公式：

从价计征的组成计税价格=（材料成本+加工费）÷（1-比例税率）

这里的材料成本=37.8+2=39.8万元。

案例中为了简化计算给出的价格不含增值税，如果原木给出的是收购货款，就需要根据农产品扣除率还原为不含税价格。

组成计税价格=（39.8+12）÷（1-10%）=57.56万元。

应缴纳消费税=57.56×10%=5.76万元。

（三）进口应税消费品应纳税额的计算

进口的应税消费品由海关代征进口环节的消费税，计算的基本方法仍为从价计征、从量计征和复合计征。由于进口涉及关税，关税为价内税，所以还是需要组成计税价格。

组成计税价格=（关税完税价格+关税）÷（1-消费税税率）

组成计税价格=（关税完税价格+关税+进口数量×消费税定额税率）÷（1-消费税比例税率）

其中，关税完税价格是指海关核定的关税计税价格。

某公司20×2年1月进口一批粮食白酒共1 000瓶，每瓶500克，关税完税价格 2 万元，关税率 10%，计算其进口环节的消费税。

白酒是复合计税的消费税税目，进口计算组成计税价格时，既要加上关税，还要加上从量计征的消费税，千万不要遗漏。

关税 = 关税完税价格 × 税率 =20 000 × 10%=2 000 元。

从量计征消费税 =1 000 瓶 × 0.5 元 / 瓶 =500 元。

组成计税价格 =（20 000+2 000+500）÷（1-20%）=28 125 元。

应缴纳消费税 =28 125 × 20%+500=6 125 元。

通过上述几个案例可以看到，组成计税价格在各个环节计算消费税时都会涉及，读者注意区分不同情况下组成计税价格公示的区别，也要理解其中的原理。

三、消费税税额的扣减

消费税的征税项目具有选择性，从税目税率表就可以看出，消费税不像增值税那样普遍征收，只是对 15 个品类征税。而且消费税的征收环节具有单一性，除了卷烟在批发环节和超豪华小汽车在零售环节加征，其他税目通常是在消费品生产、流通或消费的某一环节一次性征收。

我们以生产卷烟企业为例，卷烟厂购入烟丝用来生产卷烟，烟丝属于消费税征税范围，在出厂环节已经交过税，而且这部分税金实际是由购买方也就是卷烟企业负担。在卷烟厂将卷烟出厂销售时，又要缴纳一次消费税，我们需要对之前环节已经缴纳的消费税进行扣除计算，才能符合消费税单一环节征收的特征，我们从外购和委托加工两个方面来计算已纳消费税的扣除。

（一）外购应税消费品已纳税额的扣除

（1）外购已税烟丝生产的卷烟。

（2）外购已税高档化妆品生产的高档化妆品。

（3）外购已税珠宝玉石生产的贵重首饰及珠宝玉石。

（4）外购已税鞭炮、焰火生产的鞭炮、焰火。

（5）外购已税杆头、杆身和握把为原料生产的高尔夫球杆。

（6）外购已税木制一次性筷子为原料生产的木制一次性筷子。

（7）外购已税实木地板为原料生产的实木地板。

（8）以外购已税汽油、柴油、石脑油、燃料油、润滑油为原料用于连续生产应税成品油，不含航空煤油和溶剂油。

（9）从葡萄酒生产企业购进、进口葡萄酒连续生产应税葡萄酒。

从扣除规定中可以看出，允许扣税的只涉及同一税目中的购入应税消费品的连续加工，不能跨税目抵扣，抵扣时需按生产领用量自行计算抵扣。需要注意的是，在零售环节纳税的金银首饰、钻石、钻石饰品不得抵扣外购珠宝玉石的已纳税款，在批发环节纳税的卷烟不得抵扣前一生产环节已纳消费税的税款。

计算公式如下：

当期准予扣除的外购应税消费品已纳税款＝当期准予扣除的外购应税消费品（当期生产领用数量）买价×外购应税消费品适用税率

当期准予扣除的外购应税消费品买价＝期初库存的外购应税消费品买价＋当期购进的应税消费品买价－期末库存的外购应税消费品的买价

这里的买价是不含增值税的买价，与之前反复强调的一样，计算消费税的税基为不含增值税的金额，我们从实际案例中了解消费税扣除的具体应用。

20×2年3月，某企业外购高档护肤品作为原料生产A类高档化妆品，取得增值税专用发票注明价款100万元，增值税13万元，本月全部领用用于生产，本月销售A类高档化妆品取得不含税收入180万元，计算该企业此项业务本月需要缴纳的消费税额。

该企业所申报的高档护肤品应属于高档化妆品类目，查询消费税税目税率表可以知道，高档化妆品适用于15%的比例税率。我们先来计算该企业销售A类高档化妆品的消费税税额＝180×15%=27万元。

外购的高档香水精本月全部领用，可以扣除的消费税额=100×15%=15万元。

此项业务需要缴纳的消费税额=27-15=12万元。

请读者思考，假设其他条件不变，本月外购的高档护肤品中有60%用于生产A类高档化妆品，那么消费税应当如何计算呢？

销售A类高档化妆品的消费税税额仍然为27万元，可以抵扣的部分按照本月实际领用比例计算，可以扣除的消费税额=100×15%×60%=9万元，此项业务需要缴纳的消费税额为18万元。至于本月未领用的部分，以后月份实际领用时再进行计算抵扣消费税。

（二）委托加工收回的应税消费品已纳税额的扣除

（1）以委托加工收回的已税烟丝生产的卷烟。

（2）以委托加工收回的已税化妆品生产的化妆品。

（3）以委托加工收回的已税珠宝玉石生产的贵重首饰及珠宝玉石。

（4）以委托加工收回的已税鞭炮、焰火生产的鞭炮、焰火。

（5）以委托加工收回的已税摩托车生产的摩托车。

（6）以委托加工收回的已税石脑油、润滑油为原料生产的应税消费品。

（7）以委托加工收回的已税杆头、杆身和握把为原料生产的高尔夫球杆。

（8）以委托加工收回的已税木制一次性筷子为原料生产的木制一次性筷子。

（9）以委托加工收回的已税实木地板为原料生产的实木地板。

通过对比可以看出，委托加工收回的应税消费品与外购应税消费品的抵扣范围基本相同，除了葡萄酒和摩托车两项。同样，在零售环节缴纳消费税的金银首饰、铂金首饰、钻石及钻石饰品也不适用抵税政策。

计算公式如下：

当期准予扣除的委托加工应税消费品已纳税款=期初库存的委托加工应税消费品已纳税款+当期收回的委托加工应税消费品已纳税款-

期末库存的委托加工应税消费品已纳税款

只看公式好像不太好理解，让我们从实际案例中了解消费税扣除的具体应用：

2022年2月，甲企业委托乙企业加工一批素板，材料成本为80万元，不含税加工费15万元，收回时由乙企业代扣代缴消费税。甲企业将收回素板用于生产实木地板，本月领用了60%，甲企业期初库存中委托加工的素板已纳消费税款为3万元。

那么，甲企业此项业务当期可以扣除的消费税额是多少呢？

甲企业期初库存中委托加工素板的已纳税款，是之前月份收回的素板在之前月份没有领用的部分，没领用的这部分在之前月份计算消费时，不能扣除。本月用了60%，也就是说剩余的40%在本月也不能扣除，为本月委托加工素板期末库存的已纳税款。

由于案例中没有给出同类商品的销售价，我们先进行组成计税价格。

组成计税价格 =（80+15）÷（1-5%）=100万元。

乙企业代扣代缴消费税 =100×5%=5万元。

期末库存的委托加工素板已纳税款 =5×40%=2万元。

将以上数据代入公式可得：

当期可以扣除的消费税额 =3+5-2=6万元。

通过案例我们可以看出，消费税需要按照实际领用量自行计算扣除；而增值税是凭票抵扣进项税额，只要当期购进货物取得了进项发票，无论当期销售与否，都可以全部用来抵扣当期的销项税额，读者一定要对这两个税种不同的抵扣方式加以区分。

四、出口退税的处理

有出口经营权的外贸企业购进应税消费品直接出口，以及外贸企业受其他外贸企业委托代理出口应税消费品，出口免税并退税。

有出口经营权的生产性企业自营出口或生产企业委托外贸企业代理出口自产的应税消费品,依据其实际出口数量免征消费税,出口免税但不退税。

除生产企业、外贸企业外的其他企业,具体是指一般商贸企业,这类企业委托外贸企业代理出口应税消费品,出口不免税也不退税。

有的企业免税并退税,有的企业免税但不退税,有的企业既不免税也不退税,究竟政策为什么要这么规定呢?我们从消费税征收的性质出发就能够理解了。

有出口经营权的生产应税消费品的企业,如果将产品销往国内,销售出厂环节直接缴纳消费税即可;如果将产品出口,在出口销售环节直接享受免税。企业在生产环节中,并没有缴纳过消费税,所以也不涉及退税。

外贸企业从生产企业购得应税消费品,生产企业在出厂销售时已经缴纳消费税,这部分税款实际是由外贸企业负担的。外贸企业将产品出口,出口销售环节享受免税,并退回这部分产品在外贸企业采购环节已经缴纳的消费税。

我国只对有出口经营权的外贸企业才准予免征消费税,而对于没有出口经营权的普通商贸企业,不管自营出口还是委托出口,均不免税不退税,这是国家的政策使然。知道了哪些类型的企业可以退消费税,接下来我们聊一聊退多少的问题,计算公式如下:

消费税应退税额 = 从价计征消费税的退税计税依据 × 比例税率 + 从量计征消费税的退税计税依据 × 定额税率

这和应缴纳消费税的计算公式非常相似,需要注意的是,从价计征消费税的退税计税依据,为已经缴纳的消费税额,并且没有在内销应税消费品应纳税额中扣除的购进金额;从量计征消费税的退税计税依据,为已经缴纳的消费税额,并且没有在内销应税消费品应纳税额中抵扣的购进数量;复合计征消费税的,按从价和从量的计税依据分别确定。

甲企业为具有出口经营权的外贸公司,20×1年4月从生产企业购进一批高档化妆品，并全部对外出口销售，购进取得增值税专用发票注明价款 20 万元，当月该批高档化妆品出口取得不含税销售收入 30 万元，计算甲企业此项业务应退的消费税额。

首先，甲企业具有出口经营权，并且是从其他企业购进货物出口的外贸企业，而并非生产企业，甲企业适用于出口免税并退税的政策。查询税目税率表可知，高档化妆品的消费税税率为 15%。

应退的消费税 =20×15%=3 万元。

有的读者可能有疑问，为什么不用出口销售收入 30 万元乘以税率来计算呢？消费税出口退税退的是上一环节企业已经缴纳的消费税，实际缴纳了国家才给退，没缴纳国家不会多退税。出口销售收入 30 万对应的是免税政策，出口的时候已经免了，并没有缴纳，所以不存在退税，只退回甲企业购进时已经缴纳的 3 万元消费税。

五、消费税的申报与缴纳

（一）申报期限

消费税的纳税人以一个月或者一个季度为一个纳税期的，自期满之日起 15 日内申报纳税；以 1 日、3 日、5 日、10 日或者 15 日为一个纳税期的，自期满之日起 5 日内预缴税款，于次月 1 日起 15 日内申报纳税并结清上月应纳税款。

（二）纳税地点

纳税人销售的应税消费品，除另有规定外，申报纳税地点为纳税人机构所在地或者居住地的主管税务机关。纳税人的总、分支机构不在同一县市的，应在各自机构所在地主管税务机关申报缴纳消费税；纳税人的总机构与分支机构不在同一县市，但在同一省、自治区、直辖市范围内，经税务局审批同意，可以由总机构汇总向总机构所在地的主管税务机关申报纳税。

需要注意的是，卷烟批发企业的纳税地点比较特殊，总机构与分支机构不在同一地区的，由总机构申报纳税。委托加工的应税消费品，除委托个人加工以外，由受托方向机构所在地或者居住地主管税务机关解缴消费税税款。进口的应税消费品，由进口人或者其代理人向报关地海关申报纳税。

（三）纳税义务发生时间

消费税的纳税人在什么时间产生纳税义务呢？我们从销售、自产自用、委托加工和进口这几个方面来说明：

1. 纳税人销售的应税消费品

（1）纳税人采取赊销和分期收款结算方式的，纳税义务的发生时间为书面合同规定的收款日期的当天。书面合同没有约定收款日期或者无书面合同的，为发出应税消费品的当天。

（2）纳税人采取预收货款结算方式的，纳税义务的发生时间，为发出应税消费品的当天。

（3）纳税人采取托收承付和委托银行收款方式销售的应税消费品，纳税义务的发生时间，为发出应税消费品并办妥托收手续的当天。

（4）纳税人采取其他结算方式的，纳税义务的发生时间，为收讫销售款或者取得索取销售款凭据的当天。

2. 纳税人自产自用的应税消费品

纳税人自产自用的应税消费品，纳税义务的发生时间为移送使用的当天。

3. 纳税人委托加工的应税消费品

纳税人委托加工的应税消费品，纳税义务的发生时间为纳税人提货的当天。

4. 纳税人进口的应税消费品

纳税人进口的应税消费品，纳税义务的发生时间为报关进口的当天。

（四）报送资料

企业经营的应税消费品不同，需要填报不同的纳税申报表，以烟类消费品的纳税人为例来说明：

（1）主表《烟类应税消费品消费税纳税申报表》《卷烟批发环节消费税纳税申报表（批发）》

（2）附表1《本期准予扣除税额计算表》，填列外购或者委托加工收回的应税消费品连续加工生产的情况；

附表2《本期代收代缴税额计算表》由应税消费品的受托方填报；

附表3《卷烟销售明细表》为年报，由卷烟消费税纳税人于年度终了后填写，次年1月办理消费税纳税申报时报送，同时报送此表Excel格式的电子文件；

附表4《各牌号规格卷烟消费税计税价格》；

附表5《卷烟生产企业年度销售明细表》由纳税人次年1月申报此表，《卷烟批发企业月份销售明细清单》由从事卷烟批发的纳税人填报；

享受消费税减免税优惠政策的纳税人，还需提供《本期减（免）税额明细表》和《代扣代收税款凭证》。

六、消费税的税收优惠

（1）对无汞原电池、金属氢化物镍蓄电池（又称氢镍蓄电池或镍氢蓄电池）、锂原电池、锂离子蓄电池、太阳能电池、燃料电池和全钒液流电池免征消费税。

（2）对施工状态下挥发性有机物（Volatile Organic Compounds,VOC）含量低于420克/升（含）的涂料免征消费税。

（3）对同时符合下列条件的纯生物柴油免征消费税：

① 生产原料中废弃的动物油和植物油用量所占比重不低于70%；

② 生产的纯生物柴油符合国家《柴油机燃料调合用生物柴油（BD100）》标准。

（4）对以回收的废矿物油为原料生产的润滑油基础油、汽油、柴油等工业油料免征消费税。

（5）对成品油生产企业在生产成品油过程中，作为燃料、动力及原料消耗掉的自产成品油，免征消费税。对用于其他用途或直接对外销售的成品油照章征收消费税。

（6）自产石脑油、燃料油生产乙烯、芳烃产品免税。

（7）对用外购或委托加工收回的已税汽油生产的乙醇汽油免税。对用自产汽油生产的乙醇汽油，按照生产乙醇汽油所耗用的汽油数量申报纳税。

（8）航空煤油暂缓征收消费税。

第二节　消费税的纳税筹划和风险

一、消费税的税务筹划思路

消费税的纳税筹划是在合理合法的前提下，通过对企业经营活动进行预测，制订减低税收负担的计划，基于消费税的选择性、单一环节征收以及出口免税的特征和政策，围绕兼营销售、包装物的计量、生产方式的选择以及出口商品这几个方面，给出几项筹划意见。

1. 兼营销售

兼营销售在生产应税消费品的企业中十分常见，实际经济活动中，纳税人往往不是单一产品的生产者、销售者，而是生产、委托加工、进口、销售多种不同税目、税率的应税消费品或者将不同税率应税消费品组合予以出售。兼营是指纳税人同时销售两种或两种以上不同税率的应税消费品的行为。例如酒厂生产销售白酒和黄酒，卷烟厂生产销售甲乙类卷烟和雪茄。

税法规定，纳税人兼营不同税率应税消费品的，应当分别核算不同税率应税消费品的销售额、销售数量，未分别核算销售额、销售数量，或者将不同税率的应税消费品组成成套消费品销售的，从高适用税率。

企业应当加强经济核算，建立和健全财务制度，分别核算销售额、销售数量，尽量避免将不同税率的应税消费品或者非应税消费品和应税消费品，组成成套商品销售。如果是企业经营策略，必须组成成套商品销售的，可以先将应税消费品和非应税消费品分别销售给经销商，这样只有应税消费品在出厂销售环节需要缴纳消费税，再由经销商将其组成成套商品销售，这样可以通过减少消费税税基的方式，为企业节约税款。

2. 独立核算部门

企业通过自设非独立核算门市部销售的自产应税消费品，应当按照门市部对外销售额或者销售数量征收消费税。而企业将自产的应税消费品，按一定价格销售给独立核算的经销部，按照销售价格计算缴纳消费税，其独立核算部门再对外销售时，不需要再重复缴纳消费税。

这里的一定价格不能够明显偏低，如果价格明显偏低，税务机关有权利对价格重新调整。企业的转移价格一般来说不应当低于商品销售价格的70%，不能违反公平交易原则。

3. 包装物押金

根据税法规定，应税消费品连同包装物销售的，无论包装物是否单独计价，也不论在会计上如何核算，均应并入应税消费品的销售额中征收消费税，而包装物押金根据应税消费品的不同，使用不同的政策。

啤酒和黄酒收取押金不缴纳消费税，没收押金时换算为不含增值税税基计算消费税；除啤酒、黄酒外的其他酒类收取的包装物押金，无论押金是否返还及会计上如何核算，均应并入酒类产品销售额中征收消费税。

对酒类产品和成品油以外的其他应税消费品收取的包装物押金，未到期且收取时间不超过一年的押金不计税；对逾期未收回的包装物不再退还的押金或已收取一年以上的押金，应并入应税消费品的销售额，按照应税消费品的适用税率征收消费税。

由以上政策可以看出，如果企业生产的应税消费品附带包装物销售，除啤酒、黄酒、成品油外，可以将包装费转换成包装物押金来收取，这样使得在销售时不需要将包装费用计入税基，而在一年之后，将这部分费用作为收取一年以上的包装物押金计算缴纳消费税。虽然缴纳的税款相同，但是考虑到货币的时间价值，延迟一年缴税，为企业现金流带来了益处。

4. 委托加工

企业委托加工收回应税消费品时，由受托方在委托方交货时代收代缴税款。企业应当在委托加工和自产结合实际经营情况进行选择，既要衡量应缴纳消费税税额，也要对比两种方式的利润，选择能够使企业税负最小、利润最大化的生产加工方式。

5. 外汇计算

根据税法规定，企业销售的应税消费品以人民币计算销售额，以人民币以外的货币结算销售额的应当折合人民币计算，折合率可以选择销售发生的当天，或者当月1日的人民币汇率中间价，企业选定折合率后一年内不得变更。由此可以看出，企业选择较低的人民币汇率，可以少缴纳税款。

如果外汇市场波动性非常大，关于外汇的税收筹划就非常有必要了，企业应当对未来的汇率走势作出合理估计，结合自身经营业务，选择适合的汇率。

二、用计税价格进行纳税筹划

消费税税目及税率都是税法具体规定决定的。消费税税法规定，纳税人将自产的应税消费品用于换取生产资料、消费资料、投资入股、偿还债务需要缴纳消费税，用于连续生产应税消费品不缴纳消费税。自产货物换取生产资料等的，应当以纳税人同类应税消费品的最高销售价格作为计税依据。按照通常理解，纳税人在进行交换时的计税价格一般是同类消费品的平均价格，或者是市场价格，这里采用最高销售价格作为缴纳消费税的计税价格，无疑会增加企业的消费税税额。

2022年1月5日，A汽车厂将20辆小汽车向B公司偿还债务，按照双方约定，每辆小汽车的价格为20万元，A公司生产小汽车的成本为10万元。A公司平时销售同类汽车售价为21万元，当月销售同类小汽车的售价最高为22万元，假定消费税税率为9%。

按照税法规定，小汽车此时的计税价格应该为当月最高售价22万元，因此小汽车的消费税应纳税额=22（万元/辆）×20辆×9%=39.6万元，企业在将小汽车偿还债务时需要缴纳39.6万元消费税。

假设此时A公司与B公司签订销售合同，以20万元的价格将小汽车出售给B公司，再用销售款进行债务偿还，此时消费税的计税价格为20（万元/辆）×20辆×9%=36万元，可以节省消费税3.6万元。

税法对有些税目的最低计税价格也有规定，如卷烟和白酒销售的，对于这两种应税消费品，企业在进行销售时，生产企业实际销售价格高于消费税最低计税价格的，按照实际销售价格申报纳税；实际销售价格低于消费税最低计税价格的，按照最低计税价格申报纳税。我们以案例形式进行说明。

案例说明：2022年2月，A生产白酒企业将自产的白酒50吨全部销售给B企业，按照每吨3万元的价格出售，当月取得不含税销售额150万元，该白酒成本价每吨2万元。假设税务机关核定的最低计税价格为每吨3.9万元。白酒的税率为20%加0.5元/500克（mL）。

白酒消费税采用从量计征和从价计征模式，由于最低计税价格高于售价，企业在计算消费税时应该按照3.9万元出售计算应该缴纳消费税税款=50吨×3.9（万元/吨）×20%+50吨×1 000（元/吨）/10 000=44万元。

若改变案例销售金额，A企业以4万元每吨的价格进行销售，分别计算企业的消费税税款：

按照4万元出售应该缴纳消费税税款=50吨×4（万元/吨）×20%+50吨×1 000（元/吨）/10 000=45万元。

从这两组数据可以看出，当该企业实际销售价格高于最低计税价格时，企业需缴纳的消费税更多，这是不是说明该企业应该选择低价格作为销售价呢？

当然不是，实际工作中，我们除了考虑缴纳消费税的多少，还要考虑企业的综合利润，要根据综合利润的多少进行取舍。本例中，如果不考虑其他费用，该企业按照4万元出售，企业利润=50×4-2×50-45=55万元；该企业如果按照3.9万元出售，则企业利润=50×3.9-2×50-44=51万元。从计算中可以看出，该企业以4万元价格销售时获得的利润更高，因此该企业仍应以4万价格进行销售。

除了上述两种情况计税价格与销售售价不同外，企业将自产自用的应税消费品，用于后续非消费税应税项目的，计税价格选择时，有同类消费品的销售价格的，按照同类消费品的销售价格计算纳税；如果没有同类消费品销售价格的，按照组成计税价格计算纳税。这就要求企业会计在发生自产消费品用于非税项目时，合理进行价格估计，将消费税税款降至最低。

三、用消费税特殊条款进行纳税筹划

1. 多环节消费税征收

消费税税法对卷烟和超豪华小汽车规定比较特殊，对这两种应税消费品征收两道税。超豪华小汽车不仅在批发环节征收消费税，而且在零售环节还需加征。卷烟则是生产和批发环节二道征收。对于兼营卷烟批发和零售业务的纳税义务人，在进行纳税管理时，企业应当分别核算批发和零售环节的销售额与销售量，否则将按照全部销售额与销售量就批发环节消费税税率进行计征消费税。企业在进行纳税筹划时，对于兼营的卷烟业务一定要分类核算数据，防止因未分类导致的消费税税款增加。另外，由于卷烟消费税的特殊计税方式，在进行税务筹划时与其他消费品不同，并不是价格制定越高越好。

A卷烟生产企业卷烟的月销售量为2 000条,每条卷烟标准为200支,每条成本为30元,不考虑增值税、所得税等税,本案例只考虑批发消费税征收。A企业关于价格定制有两种方案:

方案一——以不含税价每条75元的调拨价格销售;

方案二——以不含税价每条65元的调拨价格销售。

卷烟的税率见下表。

卷烟的税率

生产环节:甲类卷烟 调拨价70元(不含增值税)/条以上(含70元)	56%加0.003元/支
生产环节:乙类卷烟 调拨价70元(不含增值税)/条以下	36%加0.003元/支
商业批发环节:甲类卷烟乙类卷烟	11%加0.005元/支

卷烟的消费税税率如上,我们分别计算两种方案企业应交消费税的数额。

一条香烟含200支,从量计征时需要缴纳消费税税额=2 000×200×0.003=1 200元。

方案一从价计征需缴纳消费税税额=2 000×75×56%=84 000元;

方案二从价计征需缴纳消费税税额=2 000×65×36%=46 800元。

分别计算两种方案的利润:

方案一利润=2 000×75-84 000-1 200-30×2 000=4 800元;

方案二利润=2 000×65-46 800-1 200-30×2 000=22 000元。

我们从计算结果可以看出,尽管方案一制定的销售价格高,但是并不能增加企业的利润,这是由于不同调拨价格引起消费税税额变化所导致的利润变化。我们只是以案例的形式进行解释,实际生活中,企业的定价并不一定只有这两种情况,企业完全可以制定更高的价格以取得更多的企业利润。

假设企业将调拨价格设定为100元,这时企业应该缴纳消费税税额=100×2 000×56%+1 200=113 200元,此时企业的利润为=100×2 000-113 200-30×2 000=26 800元,此时的利润大于方案二的利润。但值得注意的是，企业在考虑价格增加的同时并没考虑市场份额，价格的提高有可能影响企业卷烟的销售量，因此，企业在制定价格时需要进行综合评估。

2. 包装费管理

消费税的第一节我们已经介绍了消费税的计税依据等基础知识。我们知道消费税计税依据中的销售额为纳税人销售应税消费品向购货方收取的全部价款和价外费用。企业的价外费用，除了符合要求的代垫运输费用和代为收取的政府性基金或行政事业性收费外，无论是否属于纳税人的收入，均应并入销售额计算征税。

税法和会计对于价外费用中的包装物方式不同：税法规定企业应税消费品连同包装销售的，无论包装物是否单独计价，也不论会计上如何核算，均应并入企业应税消费品的销售额中进行消费税征收。对于包装物不作价随同商品出售，只是收取押金的，此项押金不并入销售额征税，但对因逾期未收回的包装物不再退还的或收取时间超过12个月的押金，应计入销售额进行消费税计算。如果包装物既随同销售，又收取包装物押金的，凡不退还的，均应计算消费税税额。

按照税法的相关规定，企业对于应税消费品的包装费，无论收取方式如何，均要对包装物进行消费税税款计算，企业不再可以按照"包装物押现金逾期（一般为12个月）不退还视为价外收入"的方式进行消费税税务统筹。这时企业可以采用两种包装物计算优惠，一是采用包装物押金方式，如果企业选择支付包装物押金，则本企业不用缴纳包装物消费税；若企业超期未付款，虽然包装物押金仍旧缴纳消费税，但延迟了消费税的申报时间，企业获得了包装物产生消费税税额的货币时间价值。二是采用单独销售的方法，对于应税消费品需要包装的，可以将包装物和应税消费品分别销售，此时包装物则不用缴纳消费税只用缴纳增值税，这样不仅能够帮企业节省消费税税额，还能够保证增值税的进项税额不变。

A 化妆品公司生产甲型化妆品，出售给 B 公司时，需要进行礼盒包装。假设甲型化妆品总计不含税销售金额为 100 万元，包装礼盒价款 5 万元，该化妆品适用消费税税率为 15%。

企业有三种方案进行价款核算：

方案一——甲型化妆品和礼盒同时出售；

方案二——甲型化妆品单独出售，礼盒单独出售；

方案三——甲型化妆品单独出售，礼盒按照押金方式先给 B 公司使用，B 公司 3 个月内退还礼盒。

分别计算消费税税额：

方案一——同时出售，包装物也应计算消费税税额，所以消费税税额 =105×15%=15.75 万元；

方案二——分别出售，包装物不计算消费税税额，所以消费税税额 =100×15%=15 万元；

方案三——押金方式，企业退还，押金不计算消费税税额，所以消费税税额 =100×15%=15 万元。

方案二和方案三在计算消费税税额时，均为企业节省 0.75 万元的消费税税额，因此企业在进行包装物税务筹划时，可以采用以上方法减少包装物消费税缴纳。

四、利用消费税的优惠政策进行纳税筹划

国家对消费税有一些相应的优惠政策，企业可以根据这些优惠政策制定相应的策略，从而减少税款的缴纳。

免征消费税和暂缓征收消费税的品类有以下五种。

1. 纯生物柴油

国务院批准，自 2009 年 1 月 1 日起，对于符合下列条件的纯生物柴油免征消费税：

（1）生产原料中废弃的动物油和植物油用量所占比重不低于 70%；

（2）生产的纯生物柴油符合国家《柴油机燃料调合用生物柴油（BD100）》标准。

2. 利用废矿物油为原料生产的润滑油基础油、汽油、柴油等工业油料

2018年，财政部、国家税务总局宣布，废矿物油再生油品消费税免征时间延长5年，自2018年11月1日至2023年10月31日止。

纳税人利用废矿物油为原料生产的润滑油基础油、汽油、柴油等工业油料免征消费税，但是应该满足以下条件：

（1）纳税人必须取得省级以上（含省级）环境保护部门颁发的《危险废物（综合）经营许可证》，且该证件上核准生产经营范围应包括"利用"或"综合经营"字样。

（2）生产原料中废矿物油重量必须占到90%以上，产成品中必须包括润滑油基础油，且每吨废矿物油生产的润滑油基础油应不少于0.65吨。

（3）利用废矿物油生产的产品与利用其他原料生产的产品应分别核算。

3. 子午线轮胎

子午线轮胎，是指在轮胎结构中，胎体帘线按子午线方向排列，并有钢丝帘线排列几乎接近圆周方向的带束层束紧胎体的轮胎。自2001年1月1日起，对"汽车轮胎"税目中的子午线轮胎免征消费税。

4. 电池、涂料

对无汞原电池、金属氢化物镍蓄电池、锂原电池、锂离子蓄电池、太阳能电池、燃料电池和全钒液流电池免征消费税。

对施工状态下挥发性有机物含量低于420克/升（含）的涂料免征消费税。

5. 暂缓征收

航空煤油的消费税暂缓征收。

五、一些消费税处理方面的税务风险

甲企业主要产品为白酒、酒精及饮料。2020年由于纳税情况异常，主管税务机关工作人员对其该年1月至12月份纳税情况进行了检查。通过检查产品销售明细账，发现各类应征消费税产品依法定税率计算的应纳税额与申报数额一致，但酒精的产品销售收入达2 000万元，与2019年同期相比增长了40％。经过核查，白酒产量比去年同期增长了20％，酒精产量比去年同期增长了12％，并不是账面记录的40%，该企业存在混淆酒类产品销售与酒精产品销售逃避纳税的问题，根据《中华人民共和国税收征收管理法》第40条规定，属偷税行为，税务机关责令其补缴税款，并处罚款。

消费税不是像增值税那样普遍征收，而是对部分税目选择性征收，并且征税环节单一，企业如果处理不当，少缴纳消费税或者多扣除消费税，会造成企业的税务风险，如同案例中的企业，不但面临补缴税款、滞纳金和罚款的利益损失，还影响其在税务征管体系中的信用等级。现将几个具有代表性的消费税纳税风险点进行总结：

1. 应征未征

如果企业经营的产品有应税消费品也有非应税消费品，企业在申报消费税时，由于核算错误，导致本来应征消费税的收入少记，导致实际少缴纳消费税额。企业应当对应税消费品与非应税消费品进行分别核算。

2. 自产自用

企业自产自用、用于职工福利或生产非应税消费品等其他方面，按照税法规定应当视同销售计算缴纳消费税。企业由于没有对外销售取得价款，而将这部分自用的应税消费品直接转为费用，导致实际少缴纳消费税额，在成品油相关企业比较常见。企业应结合投入与产出及生产物料移送情况，定期或不定期对自产自用缴纳消费税的情况进行自查。

3. 名称错误

消费税对特定税目计征，企业将应税消费品的名称记录错误，变成非应税消费品的名字进行对外销售，少缴纳消费税造成税务风险。企业可以将未征消费税产品合格证、化验单与应税消费品的合格证、化验单进行比较自查，以减少税务风险为企业带来的损失。

4. 税率错误

由于不同税目下的子目税率不同，企业可能由于记录错误，将高税率的应税消费品按照低税率的应税消费品纳税，少缴纳消费税从而增加税务风险。例如汽油、柴油、航空煤油、石脑油、溶剂油、润滑油和燃料油都是成品油的子目，对应的税率不同，乙醇汽油还有免税政策。企业对产品合格证、化验单进行自查，对比产品价格，询问企业生产技术人员，对应税产品应属成品油种类进行合理界定，按照适用税率缴纳消费税。

5. 计算错误

（1）企业外购或者委托加工的应税消费品，后续用于生产加工应税消费品的，可以计算抵扣消费税额。企业可能由于不能准确地核算生产领用数量，多缴纳消费税损失企业利益，或者少缴纳消费税造成税务风险。

（2）委托加工收回的应税消费品，如果有同类产品售价以同类产品售价缴纳消费税，没有参考售价才需要组成价格，企业在实际会计处理时，可能将这个价格高估或低估，造成纳税差异。

（3）应税消费品连同包装物出售的，无论是否单独作价，都应当并入销售额计征消费税。企业由于核算错误，未将单独作价的包装物收入计征消费税。例如在生产高档化妆品企业中，由于包装物精美昂贵，企业单独计价核算。高档化妆品缴纳消费税时，企业有可能未将单独核算的包装物计入销售额，从而少缴消费税，造成税务风险。

关于计算错误导致的税务风险还有很多，就不再一一列举，企业应当健全财务制度，加强内部控制，避免各种错误的产生。

第四章

所得税的会计核算与纳税筹划

第一节　企业所得税

企业所得税是指国家制定的用以调整企业所得税征收与缴纳之间权利和义务关系的法律法规。现行企业所得税法为第十届全国人民代表大会第五次全体会议通过的《中华人民共和国企业所得税法》和国务院常务会议通过的《中华人民共和国企业所得税法实施条例》。

一、企业所得税相关概念

企业所得税是针对我国境内的企业和其他取得收入的组织的生产经营所得和其他所得征收的一种税。企业所得税可以促进企业改善经营管理活动，提升企业的盈利能力，调节产业结构，促进经济发展，并且为国家建设筹集财政资金。

1. 纳税义务人

企业所得税的纳税义务人是指在中国境内的企业和其他取得收入的组织，除个人独资企业、合伙企业不适用于企业所得税法外，其他企业均应按规定缴纳企业所得税。企业所得税纳税人分为居民企业和非居民企业。

居民企业指依法在中国境内成立、或依照外国（地区）法律成立但实际管理机构在中国境内的企业；非居民企业指依照外国（地区）法律成立且实际管理机构不在中国境内，但在我国境内设立机构、场所的，或在中国境内未设立机构、场所，但有来源于中国境内所得的企业。

2. 所得来源的确定

纳税义务人所得来源见下表：

纳税义务人所得来源的确定

所得类型	所得来源的确定
销售货物所得	按照交易活动发生地

续上表

所得类型		所得来源的确定
提供劳务所得		按照劳务发生地
转让财产所得	不动产	按照不动产所在地
	动产	按照转让动产的企业或者机构、场所所在地
	权益性投资资产	按照被投资企业所在地
股息、红利等权益性投资所得		按照分配所得的企业所在地
利息、租金、特许权使用所得		按照负担、支付所得的企业或者机构、场所所在地；个人按照住所地确定
其他所得		由国务院财政、税务主管部门确定

3. 税率

企业所得税税率见下表：

企业所得税税率

种　类	税　率	适用范围
法定税率	25%	居民企业和符合条件的非居民企业
优惠税率	20%	符合条件的小型微利企业
	15%	国家重点扶持的高新技术企业、技术先进型服务企业、西部地区鼓励类产业企业等
预提所得税税率	20%（实际10%）	适用于在中国境内未设立机构、场所的，或虽设立机构、场所但取得的所得与其所设机构、场所没有实际联系的非居民企业

二、企业所得税的优惠政策

非居民企业税率见下表：

非居民企业税率

情　形		税　率
在中国境内未设立机构、场所		10%（预提所得税）
在中国境内设立机构、场所	所得与所设机构、场所有联系	25%
	所得与所设机构、场所无实际联系	10%（预提所得税）

我国居民企业的税收优惠政策很多，可以简单归纳为三类：减免应纳

所得税额的税收优惠（税额减免）、减免应纳税所得额的税收优惠（税基减免）和降低税率的税收优惠。

1. 减免应纳所得税额的税收优惠

减免应纳所得税额的主要方式是免税、减税、税额抵免，所以这种减免方式又称为税额式优惠政策，是在已经计算出应纳所得税额后直接免征或者减除税额。

（1）从事农、林、牧、渔业项目的所得，可以免征、减征企业所得税。

（2）从事国家重点扶持的公共基础设施项目，如港口码头、机场、铁路、公路、电力、水利等项目，对于这些项目的投资经营的所得，自项目取得第一笔生产经营收入年度起，第一年至第三年免征企业所得税，第四年至第六年减半征收企业所得税。需要注意的是，享受优惠的是能源交通基础设施投资经营项目，而承包经营、承包建设项目或自建自用项目是不能享受上述优惠政策的。

（3）从事符合条件的环境保护、节能节水项目，自项目取得第一笔生产经营收入年度起，第一年至第三年免征企业所得税，第四年至第六年减半征收企业所得税。

（4）符合条件的技术转让所得，在一个纳税年度内，居民企业技术转让所得在500万元以下的，免征企业所得税；超过500万元的部分，减半征收企业所得税。

（5）企业购置用于环境保护、节能节水、安全生产等专用设备，是指企业购置并实际使用《环境保护专用设备企业所得税优惠目录》、《节能节水专用设备企业所得税优惠目录》和《安全生产专用设备企业所得税优惠目录》规定的环境保护、节能节水、安全生产等专用设备的，该专用设备投资额的10%可以从企业当年的应纳税额中抵免；当年不足抵免的，可以在以后5个纳税年度结转抵免。

2. 减免应纳税所得额的税收优惠

应纳税所得额即收入减去允许扣除的成本费用后的金额，是计算所得税额的税基。

（1）企业综合利用资源，生产符合国家产业政策规定的产品所取得的收入，可以在计算应纳税所得额时减按90%计入收入。

（2）除烟草制造业、住宿和餐饮业、批发和零售业、房地产业、租赁和商务服务业、娱乐业等以外，其他行业的企业开展研发活动中实际发生的研发费用，未形成无形资产计入当期损益的，在按规定据实扣除的基础上，自2023年1月1日起，再按照实际发生额的100%在税前加计扣除；形成无形资产的，自2023年1月1日起，按照无形资产成本的200%在税前摊销。这一政策将作为一项制度长期实施，不过税务人员还是要随时关注政策的变化，以免错失优惠。

（3）企业安置残疾人员所支付的工资的加计扣除，是指企业安置残疾人员的，在按照支付给残疾职工工资据实扣除的基础上，按照支付给残疾职工工资的100%加计扣除。

（4）创业投资企业从事国家需要重点扶持和鼓励的创业投资，可以按投资额一定比例抵扣应纳税所得额，是指创业投资企业采取股权投资方式投资于未上市的中小高新技术企业2年以上的，可以按照其投资额的70%在股权持有满2年的当年抵扣该创业投资企业的应纳税所得额；当年不足抵扣的，可以在以后纳税年度结转抵扣。

（5）企业在2018年1月1日至2023年12月31日期间新购进的设备、器具(指除房屋、建筑物以外的固定资产)，单位价值不超过500万元的，允许一次性计入当期成本费用在计算应纳税所得额时扣除，不再分年度计算折旧；单位价值超过500万元的，仍按相关规定执行。

企业按规定缩短折旧年限的，对其购置的新固定资产，最低折旧年限不得低于《中华人民共和国企业所得税法实施条例》规定的折旧年限的60%；企业购置已使用过的固定资产，其最低折旧年限不得低于《中华人民共和国企业所得税法实施条例》规定的最低折旧年限减去已使用年限后剩余年限的60%。采取加速折旧方法的，可采取双倍余额递减法或者年数总和法。

中小微企业新购置的设备、器具，单位价值在 500 万元以上的，按照单位价值的一定比例自愿选择在企业所得税税前扣除。其中，企业所得税法实施条例规定最低折旧年限为 3 年的设备器具，单位价值的 100% 可在当年一次性税前扣除；最低折旧年限为 4 年、5 年、10 年的，单位价值的 50% 可在当年一次性税前扣除，其余 50% 按规定在剩余年度计算折旧进行税前扣除。

中小微企业选择适用上述政策当年不足扣除形成的亏损，可在以后 5 个纳税年度结转弥补，享受其他延长亏损结转年限政策的企业可按现行规定执行。

3. 降低税率的税收优惠

（1）国家重点扶持的高新技术企业和经认定的技术先进型服务企业，减按 15% 的税率征收企业所得税。

（2）自 2011 年 1 月 1 日至 2030 年 12 月 31 日，对设在西部地区的国家鼓励类产业企业减按 15% 的税率征收企业所得税。

经判断设立在西部某国家西部开发产业园的 A 企业属小型微利企业，2021 年第一季度应纳税所得额为 30 万元，则第一季度 A 企业需要预缴企业所得税额 =30×15%×20%=0.9 万元。

> 政策提示：
> 2019 年 1 月 1 日起，符合条件的小型微利企业是指从事国家非限制和禁止行业，且同时符合年度应纳税所得额不超过 300 万元、从业人数不超过 300 人、资产总额不超过 5 000 万元三个条件的企业。

符合条件的小微企业，在预缴和汇算清缴企业所得税时，只要填写纳税申报表和减免事项报告表相关栏次，就可以轻松享受小微企业的减免政策。只要符合条件的小微企业，不管企业所得税是查账征收方式还是核定征收方式，都可以享受这个优惠政策。

值得注意的是，为进一步支持小微企业发展，2022年1月1日至2024年12月31日，对小型微利企业年应纳税所得额超过100万元但不超过300万元的部分，减按25%计入应纳税所得额，按20%的税率缴纳企业所得税。

（3）关于集成电路设计和软件产业的税收优惠。2019年5月，财政部、税务总局发布《关于集成电路设计和软件产业企业所得税政策的公告》，公告表示：对依法成立且符合条件的集成电路设计企业和软件企业，在2018年12月31日前自获利年度起计算优惠期，第一年至第二年免征企业所得税，第三年至第五年按照25%的法定税率减半征收企业所得税，并享受至期满为止。

（4）污染防治企业税收减免。2019年，财政部、税务总局、国家发展改革委和生态环境部同时发布《关于从事污染防治的第三方企业所得税政策问题的公告》，对于从事污染防治的第三方企业所得税减按15%的税率征收，政策执行自2019年1月1日起至2023年12月31日止。

4. 其他优惠政策

（1）2018年2月11日，财政部和国家税务总局下发《关于公益性捐赠支出企业所得税税前结转扣除有关政策的通知》（财税〔2018〕15号）：

通知中规定，企业通过公益性社会组织或者县级（含县级）以上人民政府及其组成部门和直属机构，用于慈善活动、公益事业的捐赠支出，在年度利润总额12%以内的部分，准予在计算应纳税所得额时扣除；超过年度利润总额12%的部分，准予结转以后三年内在计算应纳税所得额时扣除。不过企业在对公益捐赠支出计算扣除时，应先扣除以前年度结转的捐赠支出，再扣除当年发生的捐赠支出。

（2）2018年5月7日，财政部和国家税务总局下发《关于企业职工教育经费税前扣除政策的通知》（财税〔2018〕51号）：

通知中规定，企业发生的职工教育经费支出，只要不超过工资薪金总额 8% 的部分，准予在计算企业所得税应纳税所得额时扣除；对于超过的部分，准予在以后纳税年度结转扣除。并且这个通知从 2018 年 1 月 1 日起执行。

（3）2018 年 7 月 11 日，财政部和国家税务总局下发了《关于延长高新技术企业和科技型中小企业亏损结转年限的通知》（财税〔2018〕76 号）：

通知规定，自 2018 年 1 月 1 日起，当年具备高新技术企业或科技型中小企业资格的企业，其具备资格年度之前 5 个年度发生的尚未弥补完的亏损，准予结转以后年度弥补，最长结转年限由 5 年延长至 10 年。

（4）2018 年 10 月 31 日，国家税务总局下发《关于责任保险费企业所得税税前扣除有关问题的公告》（国家税务总局公告 2018 年第 52 号）。

通知规定，企业参加雇主责任险、公众责任险等责任保险，按照规定缴纳的保险费，准予在企业所得税税前扣除，这个公告适用于 2018 年度及以后年度企业所得税汇算清缴。

第二节　企业所得税的会计核算

一、企业所得税收入确认

企业所得税是针对居民企业和非居民企业的生产经营所得和其他所得征收的一种税款。企业应交所得税金额等于企业应纳税所得额乘以企业所得税税率。想要计算企业所得税，首先得确认收入。

（一）销售货物收入

企业销售商品同时满足下列条件的，应确认收入的实现：

（1）商品销售合同已经签订，企业已将商品所有权相关的主要风险和报酬转移给购货方，这说明货物已经不属于企业了，货物的损坏和丢失与企业已经没有关系，都是购货方承担，有可能还没有收到货款，但仍然要确认收入。

（2）企业对已售出的商品既没有保留通常与所有权相联系的继续管理权，也没有实施有效控制，这则条款依然是货物的所有权问题。

（3）收入的金额能够可靠地计量，只有能够以可计量数字的形式体现在账簿上才可以确认，并且计量的金额必须可靠。

（4）已发生或将发生的销售方的成本能够可靠地核算，需要注意的是，这里的成本是与销售货物相匹配的成本。

以上是销售货物确认收入的一般规定，在企业日常经营活动中也会遇到一些特殊收款方式和其他情况：

（1）销售商品采用托收承付方式的，在办妥托收手续时确认收入。

（2）销售商品采取预收款方式的，在发出商品时确认收入。

（3）销售商品需要安装和检验的，在购买方接受商品以及安装和检验完毕时确认收入；如果安装程序比较简单，可在发出商品时确认收入。

（4）销售商品采用支付手续费方式委托代销的，在收到代销清单时确认收入。

（二）提供劳务收入

企业在各个纳税期末，提供劳务交易的结果能够可靠估计的，应采用完工进度法确认提供劳务收入。在进行实际会计处理时，如果已完成工作直接可以测量，就可以直接用完工进度的百分比进行收入确认，还可以根据已提供劳务占劳务总量的比例、发生成本占总成本的比例来确认收入。

> 本期确认收入 = 收入总额 × 完工百分比 − 前期累计确认收入

有几项劳务收入额确认比较特殊，企业在涉及这几方面收入确认时需要注意：

（1）安装工作是商品销售附带条件的，安装费在确认商品销售实现时确认收入。一般来说，销售附带条件的安装工作都比较简单，占用时间较短，可能短短几天就安装完毕，所以不需要企业计算完工百分比。

（2）宣传媒介的收费在相关的广告或商业行为出现于公众面前时确认收入，这一点不同于广告的制作，广告的制作费适用于劳务收入的一般确认规则，根据完工进度确认收入。

（3）包含在商品售价内可区分的服务费，在提供服务的期间分期确认收入。

（4）属于提供设备和其他有形资产的特许权费，在交付资产或转移资产所有权时确认收入；属于提供初始及后续服务的特许权费，在提供服务时确认收入。

（5）长期为客户提供重复的劳务收取的劳务费，在相关劳务活动发生时确认收入。

（三）其他各项收入

（1）企业转让固定资产、生物资产、无形资产、股权、债权等取得的转让财产收入，应于转让协议生效，且完成产权或变更手续时，确认收入的实现。

（2）企业取得股息、红利等权益性投资收益，按照被投资方作出利润分配决定的日期确认收入。

（3）企业借款取得利息收入，按照合同约定的债务人应付利息的日期确认收入的实现。

（4）企业的混合性投资业务，指的是企业对被投资企业进行投资，形式具有权益性质，但是被投资企业接受投资后，需要按投资合同或协议约定的利率定期支付利息、固定利润、股息等，在投资期满或者满足特定投资条件后，被投资企业需要赎回投资或偿还本金，企业对被投资企业净资产不拥有所有权，不参与经营也没有选举权和被选举权。

这种投资业务在实质上具有债权性质，企业取得的这部分投资收入按照债权性投资业务处理。

（5）企业取得的租金收入，根据合同约定的承租人应付租金的日期确认收入，如果租赁期限较长，又是一次性收取款项的，应当分年确认收入。

（6）企业在实际收到捐赠资产的日期确认接受捐赠收入。

（四）特殊收入

企业以特殊方式销售货物，在当下十分常见，我们通过案例来说明。

某企业，2020年发生经营业务如下（不考虑相关税费）：

（1）在1月1日销售一批商品给甲公司，合同金额48万元，合同约定甲公司分2年付清货款，款项每月月末支付。

（2）由于融资需要，A企业7月1日销售给乙公司一批商品，售价200万元，合同约定A企业于当年12月31日将这批商品回购，回购金额为205万元。

（3）A企业为促进商品销售，8月1日销售一批货物给丙公司，售价60万元，给予丙公司10%的商业折扣。

（4）A企业2月1日销售一批商品给丁公司，售价10万元，付款条件为"2/20，$n/30$"，丁公司在2月15日付款9.8万元，享受0.2万元现金折扣。

事项（1）中A企业采用分期收款方式销售商品给甲公司，按照合同约定的收款日期确认收入，A企业应当于每月月末确认2万元的销售收入。

事项（2）中A企业虽然采用售后回购方式销售商品，但实质是融资业务，根据实质重于形式原则，收到的钱不能确认收入，应当一方面增加银行存款，另一方面增加其他应付款；回购价格大于原售价的5万元，应在回购期间计提利息，确认为财务费用。

事项（3）中A企业促进商品销售而在商品价格上给予的价格扣除属于商业折扣，商品销售涉及商业折扣的，应当按照扣除商业折扣后的金额确定销售商品收入金额，A 企业应当于 8 月 1 日确认商品销售收入 54 万元。

事项（4）中 A 企业为鼓励债务人丁公司在规定的期限内付款，而向债务人提供的债务扣除属于现金折扣，应当按扣除现金折扣前的金额确定销售商品收入金额，现金折扣在实际发生时作为财务费用扣除，即 A 企业应当确认销售收入 10 万元，0.2 万元现金折扣计入财务费用。

B 企业从事电动自行车的零售，2020 年发生经营业务如下（不考虑相关税费）：

（1）顾客王某于 1 月 1 日看见 B 企业"以旧换新"的广告，购买了售价 2 500 元的电动车，将原来的旧电动车作价 500 元抵了货款，王某实际支付 2 000 元购得新电动车。

（2）B 企业为了促销新款节能电动车，采用"买电动车赠自行车"的促销策略，顾客李某于 3 月 1 日花费 4 000 元购买了新款节能电动车，得到一辆电动车和一辆自行车。新款电动车市场公允价格 4 000 元，自行车市场公允价格 1 000 元。

（3）顾客张某于 5 月 1 日花费 2 500 元购买了 B 企业的电动车，因产品质量问题导致车漆部分脱落。张某于 6 月 1 日与 B 企业协商，由于影响外观但不影响实际使用，B 企业给予张某 20% 的销售折让，张某继续使用该电动车。

事项（1）中 B 企业以旧换新销售商品，销售商品应当按照销售商品收入确认条件确认收入，回收的商品作为购进商品处理。B 企业在 1 月 1 日应当确认收入 2 500 元，购进旧电动车 500 元。

事项（2）中 B 企业以买一赠一等方式组合销售本企业商品的，应将总的销售金额按各项商品的公允价值的比例来分摊确认各项的销售收入。

新款电动车的销售收入 =4 000×4 000÷（4 000+1 000）=3 200 元。

自行车的销售收入 =4 000×1 000÷（4 000+1 000）=800 元。

事项（3）中 B 企业因售出商品的质量不合格等原因而在售价上给

予的销售折让,应当在发生当期冲减当期销售商品收入。B企业在5月1日应当确认收入2 500元,6月1日发生的500元销售折让,应当冲减6月收入。

企业应当按照企业所得税法规定的收入确认准则确认收入,避免高估或低估企业收入,影响应纳税所得额的计算,从而影响应交企业所得税的准确性,给企业带来税收风险。

二、企业所得税扣除项目

企业所得税扣除项目可分为允许扣除项目和不允许扣除项目。

(一)允许扣除项目

应纳税所得额准予抵扣的分为企业成本、费用、税金、损失和其他可抵扣项目,具体见下表。

允许扣除项目表

项 目	内 容
相关成本	据实扣除
广告费和业务宣传费	遵循孰低原则,实际发生额和销售(营业)收入×15%较小者(筹建期间按照实际发生额扣除);超过部分准予结转以后纳税年度扣除
工资、薪金	企业发生的工资、薪金支出准予据实扣除
职工福利费	不超过工资、薪金总额14%,以后年度不得抵扣
职工教育经费	不超过工资、薪金总额8%;超过部分准予结转以后纳税年度扣除
工会经费	不超过工资、薪金总额2%,以后年度不得抵扣
业务招待费	孰低原则:当年销售(营业)收入的5‰和实际发生额×60%较小者(筹建期以实际发生额的60%扣除)
软件生产企业特殊规定	软件生产企业发生的职工教育经费中的职工培训费用,根据规定,可以全额在企业所得税前扣除
核力发电企业特殊规定	核力发电企业为培养核电厂操纵员发生的培养费用,依据规定,可作为企业的发电成本在税前扣除。
财务费用	符合资本化条件的计入成本,符合费用化条件据实扣除
税金	可抵扣	除资本化后分期扣除(契税、耕地占用税、车辆购置税、进口关税和烟叶税)外均可当期一次扣除
	不可抵扣	企业所得税、可抵扣的增值税

续上表

项　目		内　容
损失		企业发生的损失，减除责任人赔偿和保险赔款后的余额，依照国务院财政、税务主管部门的规定扣除
捐赠支出	公益性捐赠	孰低原则：年度利润总额×12%和实际发生额中较小者；超过的部分，在以后3年内结转扣除
	目标脱贫地区捐赠	自2019年1月1日至2022年12月31日（2023年继续沿用），企业用于目标脱贫地区的公益性捐赠，可据实扣除
	疫情防控	对于企业用于疫情的公益性捐赠，可据实扣除
	非公益性捐赠	不得扣除

企业保险费的扣除标准如下图所示。

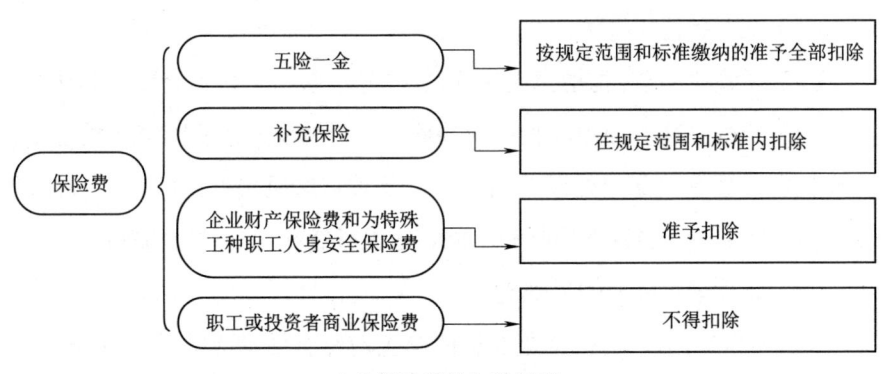

企业保险费的扣除标准

2022年A企业发生商品销售收入200万元，已知该企业2020年发生与生产经营相关的业务招待费3万元、广告费2万元、业务宣传费8万元。那么，企业业务招待费、广告费和业务宣传费分别可以抵扣多少呢？

业务招待费：

销售收入5‰=200×5‰=1万元；

实际发生额的60%=3×60%=1.8万元。

比较可知业务招待费应该按照1万元扣除。

广告费和业务宣传费：

实际发生额=2+8=10万元；

销售收入的15%=200×15%=30万元。

比较可知广告费和业务宣传费应该按照10万元扣除。

> 政策提示：
>
> 　　2021年1月1日起至2025年12月31日止，对化妆品制造或销售、医药制造和饮料制造（不含酒类制造）企业发生的广告费和业务宣传费支出，不超过当年销售（营业）收入30%的部分，准予扣除；超过部分，准予在以后纳税年度结转扣除。

（二）不允许扣除项目

（1）向投资者支付的股息、红利等权益性投资收益款项；

（2）企业所得税税款；

（3）税收滞纳金，指纳税人违反税法法规，被税务机关处以的滞纳金；

（4）罚金、罚款和被没收财物的损失，指纳税人违反国家有关法律、法规规定，被有关部门处以的罚款，以及被司法机关处以的罚金和被没收财物，但不包括经营性罚款和逾期归还银行贷款而支付的罚息；

（5）超过规定标准的捐赠支出；

（6）赞助支出，是指企业发生的与生产经营活动无关的各种非广告性质支出；

（7）未经核定的准备金支出，指不符合国务院财政、税务主管部门规定的各项资产减值准备、风险准备等准备金支出；

（8）企业之间支付的管理费、企业内营业机构之间支付的租金和特许权使用费，以及非银行企业内营业机构之间支付的利息，不得扣除；

（9）与取得收入无关的其他支出。

三、涉及企业所得税其他方面的处理

（一）亏损弥补

税法规定，企业某一纳税年度发生的亏损可以用下一年度的所得弥补，下一年度的所得不足以弥补的，可以逐年延续弥补，但最长不超过五年。

> 政策指导：自 2018 年 1 月 1 日起，当年具备高新技术企业或科技型中小企业资格的企业，其具备资格之前 5 个年度发生的尚未弥补完的亏损，准予结转以后年度弥补，最长结转年限由 5 年延长至 10 年。

（二）加计扣除

加计扣除指在对企业支出项目按照规定的比例准予税前扣除的基础上再准予追加扣除，它属于企业的一种税收优惠政策，但是它也影响企业的应纳税所得额的计算。

1. 研究开发费

可加计扣除的研究开发费项目具体包括人员人工费用、直接投入费用、折旧费用、无形资产摊销费用、新产品设计费、新工艺规程制定费、新药研制的临床试验费、勘探开发技术的现场试验费和其他相关费用。最新的研究开发费加计扣除政策如下：

针对一般企业，自 2018 年至 2023 年 12 月 31 日，研究开发费未形成无形资产计入当期损益的，按照研究开发费用的 75% 加计扣除；形成无形资产的，按照无形资产成本的 175% 摊销。

针对制造业企业，自 2021 年 1 月 1 日起，研究开发费未形成无形资产计入当期损益的，按照研究开发费用的 100% 加计扣除；形成无形资产的，按照无形资产成本的 200% 摊销。

针对科技型中小企业，自 2022 年 1 月 1 日起，研究开发费未形成无形资产计入当期损益的，按照研究开发费用的 100% 加计扣除；形成无形资产的，按照无形资产成本的 200% 摊销。

2. 委托境外研究开发费用与税前加计扣除

企业委托境外的研究费用按照费用实际发生额的 80% 计入委托方的委托境外研发费用，不超过境内符合条件的研发费用 2/3 的部分，可以按照规定在企业所得税前加计扣除，计算方法类似于扣除项目中"业务招待费"的计算方法，依照两个限额，取较低的金额计入加计扣除的基数。

3. 企业安置残疾人员所支付的工资

本部分内容指企业安置残疾人员的，在按照支付给残疾职工工资据实扣除基础上，按照支付给残疾职工工资的 100% 加计扣除。

（三）资产的计税基础

资产的计税基础，指企业在收回资产账面价值的过程中，计算应纳税所得额时按照税法可以自应税经济利益中抵扣的金额。税法规定，对于资本性支出以及无形资产受让、开办、开发费用不允许作为成本、费用从纳税人收入中一次抵扣，需要以对资产项目进行折旧或者摊销方式加以扣除。

也就是说，纳税人在一个会计年度内不能直接将企业的资产类项目成本一次扣除，只能扣除固定资产的折旧费用和无形资产与长期待摊费用的摊销费用。纳税人的资产账面价值在会计上可能有各种初始计量方式，它的折旧方法也具有多样化，但是按照税法规定只能以历史成本作为计税基础。一旦企业的账面价值和折旧方法与税法规定的不一致，就会产生纳税调整项目。

1. 固定资产

固定资产是指企业为生产产品、提供劳务、出租和经营管理而持有的、使用时间超过 12 个月的非货币性资产。对于企业外购取得的固定资产，应该以支付的购买价款及相关税费和使该固定资产达到预定可以使用状态的其他各类支出作为固定资产的计税基础。

对于企业自行建造的固定资产，应该以企业办理竣工决算前发生的各类支出作为自建固定资产的计税基础；对于企业利用融资租赁方式获得的固定资产，应该按照租赁合同约定的价款和办理租赁合同时发生的相关费用作为计税基础；对于企业在进行固定资产盘点时盘盈的固定资产，应该以同种类型资产的重置价值作为计税基础；其他方式获得的应该按照资产的公允价值和相关税费作为该固定资产的计税基础。对于固定资产折旧的相关税法规定，我们以表格的形式向大家展示，见下表：

固定资产折旧规定

具体规定	具体内容
不得计提折旧的范围	① 房屋、建筑物以外未投入使用的固定资产 ② 以经营租赁方式租入的固定资产 ③ 以融资租赁方式租出的固定资产 ④ 已足额提取折旧仍继续使用的固定资产 ⑤ 与经营活动无关的固定资产 ⑥ 单独估价作为固定资产入账的土地 ⑦ 其他不得计算折旧扣除的固定资产
折旧计提起止时间	① 企业应当自固定资产投入使用月份的次月起计算折旧 ② 停止使用的固定资产，应当自停止使用月份的次月起停止计算折旧
折旧方法	① 直线法 ② 加速折旧
最低折旧年限	① 房屋、建筑物，为20年 ② 飞机、火车、轮船、机器、机械和其他生产设备，为10年 ③ 与生产经营活动有关的器具、工具、家具等，为5年 ④ 飞机、火车、轮船以外的运输工具，为4年 ⑤ 电子设备，为3年

> 固定资产的账面价值 = 实际成本 – 会计累计折旧 – 固定资产的资产减值准备
>
> 固定资产的计税基础 = 实际成本 – 税收累计折旧

固定资产出现税法会计差异一般为折旧年限和折旧方法差异，假如企业选择的会计折旧年限小于税法规定的会计年限，会导致企业应纳税所得额的调增，在这种情况下，就会出现案例4-3中出现的情况，在2017年时企业已提足折旧，但是税法规定年限的折旧尚未计提完毕，此时，应该就税法未计提完毕部分在以后的纳税年度内继续计提。若会计规定的计提年限大于税法规定的计提年限，应该按照会计折旧年限进行扣除，不做税法调整。

另外，需要注意的是，我们在财务会计中有可能对固定资产进行减值准备，本部分金额不得税前扣除。

企业按税法规定实行加速折旧的，其按加速折旧办法计算的折旧额可全额在税前扣除。

> 税法规定可以采用加速折旧固定资产的范围：
> （1）由于技术进步，产品更新换代较快的固定资产；
> （2）常年处于强震动、高腐蚀状态的固定资产。
> 加速折旧要求：
> （1）采取缩短折旧年限方法的，最低折旧年限不得低于规定折旧年限的60%；
> （2）采取双倍余额递减法或者年数总和法。

另外，对于固定资产进行改扩建应该按照下列方式进行处理：企业对房屋、建筑物固定资产进行改扩建时，若该固定资产尚未提足折旧，对于重新建筑的应该按照该固定资产的原始价值减去折旧并入重置后的固定资产成本，将来固定资产投入使用后的次月，按照税法规定的折旧年限进行折旧计提；如果属于部分改造，用于增加使用面积和提升使用功能的，那么该资产的改扩建支出，应一并计入固定资产的计税基础，并在投入使用的次月，按照税法规定的折旧年限计提折旧；若改扩建后的资产使用年限小于税法规定的最低年限的，可以按照改扩建后的使用年限进行折旧计提。

2. 无形资产

无形资产可能产生纳税调整的原因包括无形资产会计摊销方法、摊销年限和预计净残值以及由于研发导致的加计扣除。对于外购的无形资产，企业应该以购买价款和支付的相关税费和使该无形资产达到预定可使用状态时发生的各种支出作为该无形资产的计税基础；企业自行开发建设的无形资产应该将该无形资产在开发过程中的资本化费用和使该无形资产达到预定可使用状态的支出作为无形资产的计税基础；对于企业从其他途径获得的无形资产，应该以该无形资产的公允价值和支付的相关税费作为无形资产的计税基础。无形资产的摊销规则见下表。

无形资产的摊销规则

具体规定	具体内容
不得进行摊销的范围	① 自行开发的支出已在计算应纳税所得额时扣除的无形资产 ② 自创商誉 ③ 与经营活动无关的无形资产 ④ 其他不得计算摊销费用扣除的无形资产
摊销方法	直线法
摊销年限	① 无形资产的摊销年限不得低于十年 ② 投资或者受让取得的无形资产，按照法律规定或者合同约定了使用年限的，可以按照规定或使用年限摊销

无形资产的后续计量，差异主要来源于无形资产是否需要进行摊销和无形资产减值准备的提取。

> 会计对于寿命确定的无形资产：
> 无形资产的账面价值 = 无形资产实际成本 − 会计累计摊销 − 无形资产减值准备
> 寿命不确定的无形资产：
> 无形资产的账面价值 = 无形资产实际成本 − 无形资产减值准备
> 税法针对无论何种资产：
> 无形资产的计税基础 = 无形资产实际成本 − 税法的累计摊销

3. 长期待摊费用

企业的长期待摊费用是指企业发生的应该在一个年度以上或者几个年度内进行摊销的费用。企业的长期待摊费用在计算应纳税所得额时，应该按照下表的规定进行扣除。

长期待摊费用扣除范围

具体规定	具体内容
准予扣除范围	① 企业发生的已足额提取折旧的固定资产的改建支出，按照固定资产预计尚可使用年限分期摊销 ② 租入固定资产的改建支出，按照合同约定的剩余租赁期限分期摊销 ③ 固定资产的大修理支出，按照固定资产尚可使用年限分期摊销 ④ 其他应当作为长期待摊费用的支出，自支出发生月份的次月起，分期摊销，摊销年限不得低于 3 年

> 固定资产的大修理支出,是指同时符合下列条件的支出:
> (1)修理支出达到取得固定资产时的计税基础50%以上;
> (2)修理后固定资产的使用年限延长2年以上。

4. 存货

存货指企业持有以备出售的产品、在产品以及在生产或者提供劳务过程中耗用的材料和物资等有形资产。对于通过现金方式取得的存货,应以购买价款和支付的相关税费作为存货成本;其他方式取得的存货,按照存货的公允价值和支付的相关税费作为存货成本。

企业存货的成本计算方法,可以在先进先出法、加权平均法、个别计价法中选用一种,一经选用,不得随意变更。

5. 投资资产

投资资产指的是企业对外进行权益性投资和债权性投资而形成的资产。对于通过现金支付方式取得的投资资产,按照购买价款作为资产成本;其他方式取得的,按照该资产的公允价值和支付的相关税费作为资产成本。

企业对外投资期间,投资资产的成本在计算应纳税所得额时不得扣除,企业在转让或者处置投资资产时,投资资产的成本准予扣除。

(四)负债的计税基础

负债的计税基础,是指负债的账面价值减去未来期间计算应纳税所得额时按照税法规定可予抵扣的金额。负债一般不会影响企业损益,也不会影响企业的应纳税所得额,即计税基础等于账面价值,但是某些情况下负债的确认可能影响企业的损益,从而影响企业的应纳税所得额。

企业因销售商品提供售后服务等原因确认的预计负债,按照《企业会计准则第13号——或有事项》的规定,企业应将预计提供售后服务发生的支出满足有关确认条件时,在销售当期确认为费用,同时确认预计负债,但税法规定,销售产品有关的支出可于实际发生时税前扣除。由于该类事项产生的预计负债在期末的计税基础为其账面价值与未来期间可税前扣除的金额之间的差额,其计税基础为0。

四、企业所得税应纳税所得额的计算

企业所得税应纳税所得额的计算有直接法和间接法。

（一）直接法

直接法计算的应纳税所得额＝收入总额－不征税收入－免税收入－各项扣除金额－允许弥补的以前年度亏损。

> 应纳税所得额＝收入总额－不征税收入－免税收入－各项扣除金额－允许弥补的以前年度亏损

某公司2022年年末主营业务收入2 000万元，财产转让收入100万元，企业2022年购买国债利息收入110万元，租赁收入10万元；年末结转主营业务成本500万元，当年发生的营业税金及附加20万元，支付税务部门税收滞纳金5万元，支付员工差旅费3万元，那么，2022年该公司的应纳税所得额是多少呢？

按照税法的规定，该企业购买国债产生的利息收入为免税收入，向税务部门缴纳的滞纳金属于不允许扣除项目，所以该公司2022年应纳税所得额＝收入－免税收入－准予扣除－各项扣除项目＝2 000+100+110+10-110-500-20-3=1 587万元。

直接法计算企业的应纳税额时原则单一，我们在计算时只需要考虑税务准则，直接将税法规定的各个项目进行加减运算即可。但由于实际工作中我们一般均按照会计准则进行日常经营业务核算，如果在期末计算应纳税额时采用直接法将大大增加我们的工作量，因此我们一般采用间接法核算企业应纳税所得额。

（二）间接法

间接法计算的应纳税所得额＝企业会计利润 ± 纳税调整项目金额。

> 应纳税所得额 = 会计利润总额 ± 纳税调整项目金额

间接法应纳税额的计算主要是基于企业利润表和资产负债表，从企业财务报表的各项目出发，分析企业资产、负债和所有者权益项目会计处理方法确定的账面价值和税务上规定的计税基础差异部分，针对各个项目在企业的利润总额中进行纳税调整来获得企业应纳税所得额的方法。下面我们用一个简单例子解释出现纳税调整项目的原因。

某企业有一项固定资产2018年购入，购入时的成本为60万元，该企业会计以年限平均法计提折旧，假设该固定资产无残值，折旧年限为3年，按照税法规定，该固定资产折旧年限为5年，每年总收入均为50万元，无其他成本项目。该企业该项固定资产的会计折旧计提和应纳税见下表。

该企业该项固定资产计提折旧及应纳税额

项目时间	2018年	2019年	2020年	2021年	2022年
会计计提折旧（元）	20万	20万	20万	0	0
税法计提折旧（元）	12万	12万	12万	12万	12万
会计应纳税所得额（元）	30万	30万	30万	50万	50万
税法应纳税所得额（元）	38万	38万	38万	38万	38万

由于会计和税法的折旧年限差异导致该固定资产的账面价值产生差异，从而导致企业年度应纳税所得额金额的差异，致使税务机关损失一部分税款的货币时间价值。

下面我们以一个综合案例说明间接法计算企业应纳税所得额的计算：

假设某企业是我国境内企业，2020年全年利润为1 090万元，其中产品销售收入5 000万元，国债利息收入100万元；产品成本2 000万元；销售费用800万元，其中广告费为700万元；本年度管理费用300万元，其中包含业务招待费30万；财务费用130万元；企业工资薪金总额为1 000万元，职工工会经费30万元，职工福利费50万元，职工教育经费40万元；本年营业外支出80万元，其中包含支付给税务机关滞纳金5万元和向公益组织捐款 50 万元（不是应对疫情的捐赠）。

我们对这个案例应该这样解读：

（1）由于企业的国债利息收入免税，故企业利润应在原来基础上调减 100 万元；

（2）由于广告费是按照"实际发生额和销售（营业）收入×15% 孰低原则"计算，营业收入的 15%=5 000×15%=750 万元，大于实际发生额 700 万元，广告费税法准予扣除，不计算纳税调整额；

（3）业务招待费按照"当年销售（营业）收入的 5‰ 和实际发生额×60% 孰低原则"计算，30×60%=18 万元＜5 000×5‰=25 万元，业务招待费应扣除 18 万元，实际扣除 30 万元，故企业利润应在原来基础上调增 12 万元；

（4）职工工会经费按照"不超过工资薪金总额 2%"计算，1 000×2%=20 万元，小于实际发生额 30 万元，故企业利润应在原来基础上调增 10 万元；

（5）职工福利费按照"不超过工资薪金总额 14%"计算，1 000×14%=140 万元，大于实际发生额 50 万元，税法准予扣除，不计算纳税调整额；

（6）职工教育经费按照"不超过工资薪金总额 8%"计算，1 000×8%=80 万元，大于实际发生的 40 万元，税法准予扣除，不计算纳税调整额；

（7）滞纳金 5 万元不得扣除，故企业利润应在原来基础上调增 5 万元；

（8）公益支出按照"年度利润总额×12% 和实际发生额中较小的"扣除，1 090×12%=130.8 万元，大于实际支出金额 50 万元，税法允许扣除。

所以，该企业本年应纳税所得额 =1 090-100+12+10+5=1 017 万元。

第三节　企业所得税的申报

一、企业所得税预缴申报表新变化

企业所得税纳税人按照征收方式可以划分为查账征收和核定征收两

类纳税人。查账征收的纳税人适用于A类的年度纳税申请表，核定征收的纳税人适用于B类的年度纳税申请表。简单来讲，查账征收企业，有健全的财务核算体系，能够进行正常的收入成本核算，此时企业填报A类表；对于核定征收企业，因企业仅为小企业或者个体工商户，一般来讲没有健全的财务体系，选择填写B类表。因篇幅所限，本书只针对实行查账征收的A类纳税人做详细介绍。

2021年3月15日，国家税务总局发布《中华人民共和国企业所得税月（季）度预缴纳税申报表（A类）》的公告（国家税务总局公告2021年第3号），进一步简化了所得税纳税申报表，让纳税人更加方便申报，并及时享受政策。新的申报表将从2021年4月1日开始实施，以前的申报表将同时废止。

新版所得税申报表采取"分类填报"的设计思路，让绝大多数企业只需要填报一张主表就可以轻松完成申报。以居民企业查账征收方式预缴企业所得税为例，企业所得税月（季）度预缴纳税申报（A类）明细申报表如下：

《中华人民共和国企业所得税月（季）度预缴纳税申报表（A类）》（A200000）、《资产加速折旧、摊销（扣除）优惠明细表》（A201020），具体表格如下图1、图2所示。

行次	项目	本年享受优惠的资产原值	本年累计折旧\摊销（扣除）金额			纳税调减金额	享受加速政策优惠金额
			账载折旧\摊销金额	按照税收一般规定计算的折旧\摊销金额	享受加速政策计算的折旧\摊销金额		
		1	2	3	4	5	6 (4-3)
1	一、加速折旧、摊销（不含一次性扣除，1.1+1.2+……）						
1.1	（填写优惠事项名称）						
1.2	（填写优惠事项名称）						
2	二、一次性扣除（2.1+2.2+……）						
2.1	（填写优惠事项名称）						
2.2	（填写优惠事项名称）						
3	合计（1+2）						

图1 资产加速折旧、摊销（扣除）优惠明细表

A200000	中华人民共和国企业所得税月（季）度预缴纳税申报表（A类）								
\multicolumn{10}{	l	}{税款所属期间：　年　月　日至　年　月　日}
\multicolumn{10}{	l	}{纳税人识别号（统一社会信用代码）：□□□□□□□□□□□□□□□□□□}
\multicolumn{10}{	l	}{纳税人名称：　　　　　　　　　　　　　　　　　　　金额单位：人民币元（列至角分）}

优惠及附报事项有关信息

项　　目	一季度		二季度		三季度		四季度		季度平均值
	季初	季末	季初	季末	季初	季末	季初	季末	
从业人数									
资产总额（万元）									
国家限制或禁止行业	\multicolumn{4}{c	}{□是 □否}	\multicolumn{4}{c	}{小型微利企业}	□是 □否

附报事项名称

			金额或选项
事项1	\multicolumn{2}{l	}{（填写特定事项名称）}	
事项2	\multicolumn{2}{l	}{（填写特定事项名称）}	

预缴税款计算

		本年累计
1	营业收入	
2	营业成本	
3	利润总额	
4	加：特定业务计算的应纳税所得额	
5	减：不征税收入	
6	减：资产加速折旧、摊销（扣除）调减额（填写A201020）	
7	减：免税收入、减计收入、加计扣除（7.1+7.2+…）	
7.1	（填写优惠事项名称）	
7.2	（填写优惠事项名称）	
8	减：所得减免（8.1+8.2+…）	
8.1	（填写优惠事项名称）	
8.2	（填写优惠事项名称）	
9	减：弥补以前年度亏损	
10	实际利润额（3+4-5-6-7-8-9）\ 按照上一纳税年度应纳税所得额平均额确定的应纳税所得额	
11	税率（25%）	
12	应纳所得税额（10×11）	
13	减：减免所得税额（13.1+13.2+…）	
13.1	（填写优惠事项名称）	
13.2	（填写优惠事项名称）	
14	减：本年实际已缴纳所得税额	
15	减：特定业务预缴（征）所得税额	
16	本期应补（退）所得税额（12-13-14-15）\ 税务机关确定的本期应纳所得税额	

汇总纳税企业总分机构税款计算

17	总机构	总机构本期分摊应补（退）所得税额（18+19+20）	
18		其中：总机构分摊应补（退）所得税额（16×总机构分摊比例__%）	
19		财政集中分配应补（退）所得税额（16×财政集中分配比例__%）	
20		总机构具有主体生产经营职能的部门分摊所得税额（16×全部分支机构分摊比例__%×总机构具有主体生产经营职能部门分摊比例__%）	
21	分支机构	分支机构本期分摊比例	
22		分支机构本期分摊应补（退）所得税额	

实际缴纳企业所得税计算

23	减：民族自治地区企业所得税地方分享部分：□免征 □减征：减征幅度__%	本年累计应减免金额[（12-13-15）×40%×减征幅度]
24	实际应补（退）所得税额	

谨声明：本纳税申报表是根据国家税收法律法规及相关规定填报的，是真实的、可靠的、完整的。

纳税人（签章）：年月日

经办人：		受理人：
经办人身份证号：		受理税务机关（章）：
代理机构签章：		受理日期：年月日
代理机构统一社会信用代码：		

国家税务总局监制

图2　中华人民共和国企业所得税月（季）度预缴纳税申报表（A类）

二、新版企业所得税纳税申报表（A 类）的填制

填制新版企业所得税月（季）度预缴纳税申报表（A 类）时，注意税款所属期间，一般是月（季）第一日到所属期最后一日；如果是年度纳税则是 1 月 1 日至 12 月 31 日。

"从业人数"是指跟企业建立劳动关系的职工人数和企业接受的劳务派遣用工人数之和，"季度平均值"则指截至本税款所属期末从业人员数量的季度平均值，计算方法是各季度平均值 =（季初值 + 季末值）÷ 2。

"资产总额"及资产总额中的"季度平均值"计算方法，跟"从业人数"那一栏一样。

如果是"国家限制或禁止行业"或"小微企业"就选择"是"，其他勾上"否"。

纳税人在填写 A200000 中"附报事项"时，要根据《企业所得税申报事项目录》。《企业所得税申报事项目录》，对所有预缴申报事项进行了精准分类，纳税人在填报新版申报表时可分类别查找具体事项，然后进行填报。比如填写 A200000 中"附报事项"时，纳税人可在《企业所得税申报事项目录》中"附报事项"中的名称，看看自己企业是否有"扶贫捐赠支出全额扣除"、"支持新型冠状病毒感染的肺炎疫情防控捐赠支出全额扣除"及"软件集成电路企业优惠政策"这三类事项，如果有就在相关行次中填写具体事项名称和相关情况。

此外，表 A200000 中的第 7 行"减：免税收入、减计收入、加计扣除"、第 8 行"减：所得减免"、第 13 行"减：减免所得税额"行次下面的空白明细行次，也由纳税人根据《企业所得税申报事项目录》填写优惠事项或特定事项。还有，A201020 中的第 1 行"加速折旧、摊销"和第 2 行"一次性扣除"行次下面的空白明细行次，也由纳税人根据《企业所得税申报事项目录》填写优惠事项。

《企业所得税申报事项目录》由国家税务总局在其网站中的"纳税服务"栏目中适时更新，如果政策有调整，纳税人可直接根据网站上发布

的最新《企业所得税申报事项目录》，选择相应事项填报即可。

如果企业所得税预缴方式是"按照实际利润额预缴"的纳税人，需要填报 A201020 中的第 1 行至第 16 行；如果预缴方式是"按照上一纳税年度应纳税所得额平均额预缴"的纳税人，需要填报 A201020 中的第 10、11、12、13、14、16 行；如果预缴方式为"按照税务机关确定的其他方法预缴"的纳税人，只需填报 A201020 中的第 16 行。

在填报第 1 行"营业收入"时，要注意截至本税款所属期末，按照国家统一会计制度规定核算的本年累计营业收入。假如企业在以前年度已经开始经营，并且是按季度预缴所得税的，如果在申报第二季度预缴纳税时，要填报本年 1 月 1 日至 6 月 30 日期间的累计营业收入。

第 2 行"营业成本"、第 3 行的"利润总额"都是截至本税款所属期末的累计数额。

第 6 行"资产加速折旧、摊销（扣除）调减额"根据《资产加速折旧、摊销（扣除）优惠明细表》（A201020）填报。

第 7 行"免税收入、减计收入、加计扣除"，根据相关行次计算结果填报。查询最新的《企业所得税申报事项目录》，根据自己企业享受的所得税优惠，将具体的内容填写在下面的第 7.1 行、第 7.2 等行上，并在后面填写本年累计金额。

第 8 行"所得减免"是根据相关行次计算结果填报的，如果第 3+4-5-6-7 行≤0，那么本行不需要再填报；如果企业根据税收规定可以同时享受多项优惠，那么可增加行次，不过每个事项只能填报一次。

第 9 行"弥补以前年度亏损"，纳税人根据规定可以将以前年度尚未弥补的亏损填在此行，如果第 3+4-5-6-7-8 行≤0，那么本行就是 0。

第 10 行"实际利润额\按照上一纳税年度应纳税所得额平均额确定的应纳税所得额"，如果预缴方式是"按照实际利润额预缴"的纳税人，可将第 3+4-5-6-7-8-9 行的计算结果填报在此行；如果预缴方式是"按照上一纳税年度应纳税所得额平均额预缴"的纳税人，则填写按照上一纳税年度应纳税所得额平均额计算的本年累计金额。

第 11 行 "税率 25%" 上填报 "25%"。

第 12 行 "应纳所得税额"，其数字是根据第 10 行 × 第 11 行计算填报的，第 12 行 ≥ 0。

第 13 行 "减免所得税额"，要根据相关行次计算结果填报。纳税人根据《企业所得税申报事项目录》，在第 13.1 行、第 13.2 等行填上相应的减免优惠事项的具体名称和本年累计金额。

第 14 行 "本年实际已缴纳所得税额"，纳税人填写根据税收规定已在此前月（季）度申报预缴企业所得税的本年累计金额。如果是建筑企业总机构直接管理的跨地区设立的项目部，按照税收规定已经向项目所在地主管税务机关预缴企业所得税的金额不填本行，而是填入第 15 行。

第 15 行 "特定业务预缴（征）所得税额"，本行是建筑企业总机构直接管理的跨地区设立的项目部，按照税收规定已经向项目所在地主管税务机关预缴企业所得税的本年累计金额。注意本行本期所填报金额不得小于本年上期申报的金额。

第 16 行 "本期应补（退）所得税额 \ 税务机关确定的本期应纳所得税额"，该行要按照不同预缴方式，分情况填报：如果预缴方式是 "按照实际利润额预缴" 以及 "按照上一纳税年度应纳税所得额平均额预缴"，则纳税人要根据第 16 行 = 第 12-13-14-15 行计算并填报，当第 12-13-14-15 行 < 0 时，本行填 0。其中，企业所得税收入全额归属中央且按比例就地预缴企业的分支机构，以及在同一省（自治区、直辖市、计划单列市）内的按比例就地预缴企业的分支机构，第 16 行 = 第 12 行 × 就地预缴比例 – 第 13 行 × 就地预缴比例 – 第 14 行 – 第 15 行，当第 12 行 × 就地预缴比例 – 第 13 行 × 就地预缴比例 – 第 14 行 – 第 15 行 < 0 时，本行填 0；如果预缴方式为 "按照税务机关确定的其他方法预缴" 的，则本行直接填报本期应纳企业所得税的金额即可。

对于 "跨地区经营汇总纳税企业总机构" 的纳税人，需要填报该表的第 17、18、19、20 行；对于"跨地区经营汇总纳税企业分支机构"的纳税人，需要填报该表的第 21、22 行。

如果纳税人享受文件规定的资产加速折旧、摊销和一次性扣除优惠政策，就要填报《资产加速折旧、摊销（扣除）优惠明细表》（A201020），如果不享受则无须填报此表。

三、企业所得税年报的申报流程

企业应当自月份或者季度终了之日起十五日内，向税务机关报送预缴企业所得税纳税申报表，预缴税款。企业在报送企业所得税纳税申报表时，应当按照规定附送财务会计报告和其他有关资料。

实行查账征收和实行核定应税所得率征收企业所得税的纳税人，无论是否在减税、免税期间，也无论盈利或亏损，都应按照税法条例及其实施细则和有关规定进行汇算清缴。实行核定定额征收企业所得税的纳税人，不进行汇算清缴。实行查账征收的纳税人应根据我国《企业所得税法》第五十四条第三款规定："企业应当自年度终了之日起五个月内，向税务机关报送年度企业所得税纳税申请表，并汇算清缴，结清应缴应退税款。"

《企业所得税法》第五十五条第一款还规定："企业在年度中间终止经营活动的，应当自实际经营终止之日起六十日内，向税务机关办理当期企业所得税汇算清缴。"属于这种情况的纳税人可依此办理。

一般居民企业纳税人纳税地点均以企业登记注册地为纳税地点，但登记注册地在境外的，以实际管理机构所在地为纳税地点。若存在居民企业在中国境内设立不具有法人资格的营业机构的，应当汇总计算并缴纳企业所得税。非居民企业取得企业所得税法规定所得的分别按照机构、场所所在地和主要机构、场所以及扣缴义务人所在地为纳税地点。

具体申报时，企业会计人员需要登录所在地税务局网站，点击"我要办税"，进入模块选择"税款申报与缴纳"如下图所示。

税务局网站首页界面

> 注意事项：
>
> 1.纳税人办理企业所得税年度申报时需注意，要保证企业上个年度的企业所得税月/季度预缴全部申报完毕，否则无法进行报表报送；
>
> 2.一般而言，纳税人需要填报表单较多时，可以在电子税务局中下载需要填报的表格，填写完毕后直接导入申报系统即可，以防直接申报出现系统故障等问题。

之后按照企业类型选择企业需要的企业所得税征收方式，弹出表单后企业会计人员按照本企业需要填报的表单，按照上节填制表单方法将纳税信息填写完毕，数据核对无误后，点击"申报"或"政策风险提示服务"。系统即对纳税人提交的申报表数据和信息进行风险扫描，并在短时间内将风险提示信息推送，此时由纳税人自愿选择是否修正，未检测到风险可直接点击申报。点击申报后系统会自动跳转到申报结果查询界面，申报状态显示"申报成功"，说明年报已经申报成功。

第四节　企业所得税的纳税筹划

一、巧用亏损进行纳税筹划

企业某一纳税年度发生的亏损，可以用下一年度的所得弥补，下一年度的所得不足以弥补的,可以逐年延续弥补,但结转年限最长不得超过 5 年。

某企业 2016 年亏损 200 万元,2016—2022 年各年度应纳税所得额如下(单位:万元):

年度	2016	2017	2018	2019	2020	2021	2022
应纳税所得额	−200	30	−50	20	50	70	150

案例中该企业 2016 年亏损 200 万元,可以用 2017 年至 2021 年这 5 年的盈利来弥补,2018 年亏损了 50 万元,也作为实际弥补年度计算。

2016 年的亏损 200 万元在 5 年期限内弥补的金额为 =30+20+50+70=170 万元。

到了 2022 年,2016 年的亏损还有 30 万元没能弥补,由于超过了弥补亏损年限,2022 年只能弥补 2018 年的亏损额 50 万元。

假设该企业不享受任何税收优惠,该企业 2020 年实际应缴纳的企业所得税 =(150-50)×25%=25 万元。

某企业 2016 年亏损 200 万元,该企业 2021 年度进行纳税筹划,将 2021 年要进行的公益捐赠 30 万元,推迟至 2022 年进行,2016—2022 年各年度应纳税所得额如下(单位:万元):

年度	2016	2017	2018	2019	2020	2021	2022
应纳税所得额	−200	30	−50	20	50	100	120

案例中 2016 年的亏损 200 万元在 5 年期限内弥补的金额为 =30+20+50+100=200 万元,恰好弥补了 2016 年的亏损。2022 年弥补 2018 年的亏损 50 万元,假设该企业不享受任何税收优惠,该企业 2022 年实际应缴纳的企业所得税 =(120-50)×25%=17.5 万元。

两个案例中,由于第二个案例中的企业进行纳税筹划,使得企业少缴纳企业所得税 7.5 万元。企业发生亏损后,在 5 年可以弥补亏损期限内要尽量实现盈利,增加企业收入,压缩企业成本开支,合理安排投资计划。

弥补亏损是国家对纳税人的一种税收照顾,是国家帮助企业渡过暂时困难,保护税源的一项重要措施。

不过这里需要注意弥补的最长期限不能超过5年,5年内不管是盈利还是亏损,都是作为实际弥补年限计算的;并且企业从事生产经营之前进行筹办活动期间发生的筹办费用支出,不得计算为当期的亏损,企业可以在开始经营之日的当年一次性扣除,也可以按照税法有关长期待摊费用的处理规定处理,但一经选定,不得改变。

有亏损的企业,应该充分利用税法的这个政策,努力使得相邻的纳税年度获得较多的利润,实现扭亏为盈,弥补亏损,也就是尽早将亏损弥补,如果无法在5年内弥补亏损,而是在第6年实现盈利,就不能弥补之前还没有弥补的亏损了。

如果企业已经没有需要弥补的亏损,或者企业刚刚成立,未来几年不可避免地将会亏损,那么就让企业尽量先亏损,然后再实现盈利。

但是,这里企业的年度亏损额是按照税法规定计算出来的,不是通过虚列成本,多计工资、费用及其他手段虚报的亏损。企业一定要根据实际情况正确计算并申报亏损,然后才能通过节税操作获得合理合法的利益,如果使用非法的手段去虚报亏损,最后可能因触犯法律而受到法律的制裁。

> 政策提示:
>
> 自2018年1月1日起,当年具备高新技术企业或科技型中小企业资格的企业,其具备资格年度之前5个年度发生的尚未弥补完的亏损,是指当年具备资格的企业,其前5个年度无论是否具备资格,所发生的尚未弥补完的亏损,准予结转以后年度弥补,最长结转年限由5年延长至10年。

我国对高新技术企业企业所得税不仅有税率上的优惠,自2018年1月1日起对弥补亏损年度也实行了优惠政策,符合条件的高新技术企业或科技型中小企业，更要及时进行纳税筹划，为企业节省税款，以促进企业蓬勃发展。

二、利用小微企业低税率政策进行纳税筹划

国家现在对小微企业的优惠政策很多，优惠税种不仅包括企业所得税、增值税，还涉及其他很多税种。

2019年1月，财政部、国家税务总局发布了《关于实施小微企业普惠性税收减免政策的通知》（财税〔2019〕13号），公告不仅扩大了小微企业的标准，还加大了小微企业所得税的优惠力度，并且在企业所得税方面还引入了超额累进计算法。

2022年3月，财政部、国家税务总局再次发布了《关于进一步实施小微企业所得税优惠政策的公告》（财政部 税务总局公告2022年第13号），并规定2022年1月1日至2024年12月31日，对小型微利企业年应纳税所得额超过100万元但不超过300万元的部分，减按25%计入应纳税所得额，按20%的税率缴纳企业所得税。2022年对小型微利企业年应纳税所得额不超过100万元的部分，减按12.5%计入应纳税所得额，按20%的税率缴纳企业所得税。不过2023年该优惠政策已经没有了，2023年小型微利企业年应纳税所得额不超过100万元的部分，减按25%计入应纳税所得额，按20%的税率缴纳企业所得税。

> 政策提示：
> 小微企业是指小型微利企业，其判断标准是：从事国家非限制和禁止行业，且同时符合年度应纳税所得额不超过300万元、从业人数不超过300人、资产总额不超过5 000万元等三个条件的企业。

那么，如果是小型微利标准的某企业，其2022年全年应纳税所得额是180万，那么该企业应预缴企业所得税是100×12.5%×20%+（180-100）×

25%×20%=2.5+4=6.5万元。

如果该企业不是小微企业,所得税的税率是25%,并且不能享受其他所得税优惠政策,则该企业2022年应预缴企业所得税额=180×25%=45万元。

6.5万元和45万元相差可不少,如果企业跟小微企业判断标准比较接近,那么就尽量将企业转成小微企业,这样方便享受国家的优惠政策。

享受小微企业所得税优惠政策时,不要忘记优惠政策中规定的100万元和300万元两个临界值,如果企业年度应纳税所得额超过300万元,将无法再享受这个优惠。所以企业应尽量提前根据国家相关政策进行纳税筹划,将企业年度应纳税所得额控制在300万元以内,避免不必要的经济损失。

一些处于临界点的企业,要合理合法地进行控制。税务人员在筹划的时候需要注意这个优惠政策说的是应纳税所得额而不是利润总额。所谓的应纳税所得额是企业每一个纳税年度的收入总额,减除不征税收入、免税收入、各项扣除以及允许弥补的以前年度亏损后的余额。

税务人员在计算应纳税所得额时,要严格遵守国家相关的政策法规,否则遇到没有想到的调增,将会导致多交税款。

第五节　个人所得税

一、个人所得税概述

个人所得税法是指根据国家制定的用以调整个人所得税征收与缴纳之间权利和义务关系的法律制度。目前使用的是经第十三届全国人民代表大会常务委员会第五次会议通过修正于2019年1月1日施行的《中华人民共和国个人所得税法》。个人所得税是主要以自然人取得的各类应税所得为征税对象而征收的一种所得税,其主要作用是对社会个人的收入进行调节。

1. 纳税义务人

个人所得税的纳税义务人按照住所和居住时间分为居民纳税人和非居民纳税人，具体见下表。

居民纳税人与非居民纳税人的区别

纳税人	判定标准	纳税义务
居民纳税人	在中国境内有住所的个人；或在中国境内无住所而一个纳税年度内在中国境内居住累计满183天的个人	就来源于中国境内和境外的全部所得纳税
非居民纳税人	在中国境内无住所又不居住的人；或在中国境内无住所而一个纳税年度内在中国境内居住累计不满183天的个人	仅就来源于中国境内的所得纳税

例1：老张的儿子小张出国留学2年，其间未归国，请问小张在境外所得需要纳税吗？小张是居民纳税人，需要缴纳个人所得税。

例2：非居民怎么判断居住天数？机场停留10小时算居住时间吗？

自2019年1月1日起，无住所个人一个纳税年度内在中国境内累计居住天数，按照个人在中国境内累计停留的天数计算；在中国境内停留当天满24小时的，计入中国境内居住天数，不满24小时不计入。

2. 征税范围及税率

个人所得税所规定的各项所得征收范围包括：

（1）工资、薪金所得，是指个人因任职或者受雇取得的工资、薪金、奖金、年终加薪、劳动分红、津贴、补贴以及与任职或者受雇有关的其他所得。

（2）劳务报酬所得，是指个人从事劳务取得的所得，包括从事设计、装潢、安装、制图、化验、测试、医疗、法律、会计、咨询、讲学、翻译、审稿、书画、雕刻、影视、录音、录像、演出、表演、广告、展览、技术服务、介绍服务、经纪服务、代办服务以及其他劳务取得的所得。

（3）稿酬所得，是指个人因其作品以图书、报刊等形式出版、发表而取得的所得。

（4）特许权使用费所得，是指个人提供专利权、商标权、著作权、非专利技术以及其他特许权的使用权取得的所得；提供著作权的使用权取得的所得，不包括稿酬所得。

（5）经营所得，是指：

① 个体工商户从事生产、经营活动取得的所得，个人独资企业投资人、合伙企业的个人合伙人来源于境内注册的个人独资企业、合伙企业生产、经营的所得；

② 个人依法从事办学、医疗、咨询以及其他有偿服务活动取得的所得；

③ 个人对企业、事业单位承包经营、承租经营以及转包、转租取得的所得；

④ 个人从事其他生产、经营活动取得的所得。

（6）利息、股息、红利所得，是指个人拥有债权、股权等而取得的利息、股息、红利所得。

（7）财产租赁所得，是指个人出租不动产、机器设备、车船以及其他财产取得的所得。

（8）财产转让所得，是指个人转让有价证券、股权、合伙企业中的财产份额、不动产、机器设备、车船以及其他财产取得的所得。

（9）偶然所得，是指个人得奖、中奖、中彩以及其他偶然性质的所得。

居民取得的综合所得（征收范围的1~4项），按照纳税年度合并计算个人所得税；居民取得第5~9项所得的，分别按照年、月或次各自分项计算。非居民取得收入分别按照下表进行按月或按次分项计算：

非居民取得收入个人所得税计算方法

税　目	非居民个人	居民个人	税　率
① 工资、薪金所得	按月分项计算	按纳税年度合并计算个人所得税——综合所得	3%~45% 超额累进制税率
② 劳务报酬所得	按次分项计算		
③ 稿酬所得			
④ 特许权使用费所得			
⑤ 经营所得	按年分项计算	按年分项计算	5%~35% 超额累进制税率

续上表

税　目	非居民个人	居民个人	税　率
⑥利息、股息、红利所得	按次分项计算	按次分项计算	20%比例税率
⑦财产租赁所得		按月分项计算	
⑧财产转让所得		按次分项计算	
⑨偶然所得		按次分项计算	

二、个人所得税的优惠政策

1. 免征个人所得税的优惠（与企业扣缴相关）

（1）按国家统一规定发给干部、职工的安家费、退职费、基本养老金或者退休费、离休费、离休生活补助费。

（2）对达到离休、退休年龄，但确因工作需要，适当延长离休、退休年龄的高级专家，其在延长离休、退休期间的工资、薪金所得，视同离休工资、退休工资免征个人所得税。

（3）企业和个人按照省级以上人民政府规定的比例缴付的住房公积金、医疗保险金、基本养老保险金、失业保险金，允许在个人应纳税所得额中扣除；个人领取原提存的住房公积金、医疗保险金、基本养老保险金时，免征。

（4）对工伤职工及其近亲属按照《工伤保险条例》规定取得的工伤保险待遇。

（5）对个体工商户或个人，以及个人独资企业和合伙企业从事种植业、养殖业、饲养业和捕捞业（简称"四业"），取得的"四业"所得暂不征收个人所得税。

（6）福利费（生活补助费）、抚恤金、救济金（生活困难补助费）。

其余各项免征优惠由于章节关系不再赘述。

2. 减征个人所得税的项目

（1）个人投资者持有2019—2023年发行的铁路债券取得的利息收入，

减按50%计入应纳税所得额计算征收个人所得税，税款由兑付机构在向个人投资者兑付利息时代扣代缴。

（2）自2019年1月1日起至2023年12月31日，一个纳税年度内在船航行时间累计满183天的远洋船员，其取得的工资薪金收入减按50%计入应纳税所得额，依法缴纳个人所得税。

（3）有下列情形之一的，可以减征个人所得税：

① 残疾、孤老人员和烈属的所得；

② 因严重自然灾害造成重大损失的；

③ 国务院可以规定其他减税情形，报全国人民代表大会常务委员会备案。

（4）《国家税务总局关于落实支持个体工商户发展个人所得税优惠政策有关事项的公告》（国家税务总局公告2023年第5号）规定：从2023年1月1日起到2024年12月31日，对个体工商户（不区分征收方式，均可享受）经营所得年应纳税所得额不超过100万元的部分，在现行优惠政策基础上，再减半征收个人所得税。

三、个人所得税的计算

个人所得税应纳税所得额计算中分居民纳税人和非居民纳税人，在这里我们主要介绍居民纳税人的应纳税所得额的计算。居民纳税人之中分为自然人、个体工商户、个人独资企业和合伙企业的个税缴纳。

我国税法规定，居民个人的综合所得，以每一纳税年度的收入额减除费用六万元以及专项扣除、专项附加扣除和依法确定的其他扣除后的余额，为应纳税所得额。其中综合所得包括既包括个人的工资薪金，也包括劳务报酬、稿酬、特许权使用费。

（一）居民个人所得

居民的个人所得实行的是按月预计缴纳，按年汇算清缴方法，具体操作为扣缴义务人在计算员工的工资等收入来源时，按月进行税款缴纳，年末统一按照所有收入进行汇算清缴。

1. 工资薪金所得预扣

计算公式：

本期累计预扣预缴应纳税所得额＝累计收入－累计免税收入－累计减除费用－累计专项扣除－累计专项附加扣除－累计依法确定的其他扣除

本期应预扣预缴税额＝（累计预扣预缴应纳税所得额 × 预扣率－速算扣除数）－累计减免税额－累计已预扣预缴税额

适用预扣率见下表：

个人所得税适用预扣率

级数	全年应纳税所得额	税率（%）	速算扣除数（元）
1	不超过36 000元的	3	0
2	超过36 000元至144 000元的部分	10	2 520
3	超过144 000元至300 000元的部分	20	16 920
4	超过300 000元至420 000元的部分	25	31 920
5	超过420 000元至660 000元的部分	30	52 920
6	超过660 000元至960 000元的部分	35	85 920
7	超过960 000元的部分	45	181 920

王某为居民纳税人，为A企业员工，2020年全年每月取得工资收入6 000元，个人每月缴纳五险一金500元，无专项扣除，计算其每月预缴税款，2020年度需要缴纳个人所得税是多少。

1个月累计预扣预缴应纳税所得额＝累计收入－累计减除费用－累计专项扣除＝6 000-5 000-500=500元；

1个月应预扣预缴税额＝500×3%=15元。

王某以后每月也需要预缴个人所得税15元，2020全年需要缴纳个人所得税共计为15×12=180元。

2. 劳务报酬所得预扣

劳务报酬所得以收入额减去费用余额作为所得额，收入不超 4 000 元，费用以 800 元计算；收入超过 4 000 元，费用按收入的 20% 计算。劳务报酬计算公式如下。

（1）每次收入不超过 4 000 元：

预扣预缴的应纳税所得额 = 次收入 - 800 元

应预扣预缴税额 = 预扣预缴应纳税所得额 × 预扣率

（2）每次收入 4 000 元以上：

预扣预缴的应纳税所得额 = 次收入 ×（1-20%）

应预扣预缴税额 = 预扣预缴应纳税所得额 × 预扣率 - 速算扣除数

预扣率见下表：

劳务报酬预扣率

级　数	累计预扣预缴应纳税所得额	预扣率（%）	速算扣除数（元）
1	不超过 20 000 元的部分	20	0
2	超过 20 000 元至 50 000 元的部分	30	2 000
3	超过 50 000 元的部分	40	7 000

3. 稿酬预扣

稿酬与劳务报酬一样，也是以收入额减去费用余额作为所得额，收入不超 4 000 元，费用以 800 元计算；收入超过 4 000 元，费用按收入的 20% 计算，稿酬的收入额减按 70% 计算。稿酬的预扣率为 20%，计算公式如下。

（1）每次收入不超过 4 000 元：

预扣预缴的应纳税所得额 =（次收入 -800 元）× 70%

应预扣预缴税额 = 预扣预缴应纳税所得额 × 预扣率

（2）每次收入 4 000 元以上：

预扣预缴的应纳税所得额 =［次收入 ×（1-20%）］× 70%

应预扣预缴税额 = 预扣预缴应纳税所得额 × 预扣率

4. 特许权使用费所得

特许权使用费与稿酬一样，也是以收入额减去费用余额作为所得额，收入不超 4 000 元，费用以 800 元计算；收入超过 4 000 元，费用按收入的 20% 计算。特许权使用费的预扣率为 20%，计算公式如下：

（1）每次收入不超过 4 000 元：

预扣预缴的应纳税所得额 = 次收入 − 800 元

应预扣预缴税额 = 预扣预缴应纳税所得额 × 预扣率（20%）

（2）每次收入 4 000 元以上：

预扣预缴的应纳税所得额 = 次收入 ×（1−20%）

应预扣预缴税额 = 预扣预缴应纳税所得额 × 预扣率（20%）

（二）经营所得

经营所得是指个体工商户、个人独资企业、合伙企业等特殊企业类型，由于不征收企业所得税，在计算个人所得税时，按照全年应纳税所得额进行个人计算，适用于 5 级超额累进制税率，具体见下表：

经营所得个人所得税税率

级 数	全年应纳税所得额	税率（%）	速算扣除数（元）
1	不超过 30 000 元的	5	0
2	超过 30 000 元至 90 000 元的部分	10	1 500
3	超过 90 000 元至 300 000 元的部分	20	10 500
4	超过 300 000 元至 500 000 元的部分	30	40 500
5	超过 500 000 元的部分	35	65 500

经营所得需要以上述企业获得的全年收入总额减去本年发生的成本、费用及损失为应纳税所得额，再根据税率进行计算。

应纳税额 =（全年收入总额 − 成本、费用、税金、损失及其他支出 − 允许弥补的以前年度亏损）× 适用税率 − 速算扣除数

（1）个体工商户应纳税所得额的计算应该以权责发生制为原则，属于当期的收入和费用，无论款项是否收付，均应作为当期的收入和费用。

个体工商户的费用扣除标准为 60 000 元/年。个体工商户业主为从业人员缴纳的五险一金准予扣除，补充养老保险、补充医疗保险在不超过工资总额 5% 标准内准予扣除；其余各项扣除标准基本与企业缴纳企业所得税扣除时扣除标准一致，此处不再赘述。

（2）个人独资企业和合伙企业缴纳个人所得税可以采用查账征收或者核定征收两种计征方法。

采用查账征收的，费用扣除标准为 60 000 元/年，投资者和其家庭发生费用不可在税前扣除，其余扣除标准同个体工商户。

对于企业不设置账簿，或设置账簿但资料不全的企业，可以采用核定征收方法计征个人所得税，计算方法为：

应纳所得税额＝收入总额 × 适用税率＝成本费用支出额 ÷（1－应税所得率）× 应税所得率

应纳税额＝应纳税所得额 × 适用税率

（三）财产租赁所得

财产租赁所得，每次收入不超过 4 000 元的，减除费用 800 元；4 000 元以上的，减除 20% 的费用，其余额为应纳税所得额。

（四）财产转让所得

财产转让所得，以转让财产的收入额减除财产原值和合理费用后的余额，为应纳税所得额。

（五）利息、股息、红利所得和偶然所得

利息、股息、红利所得和偶然所得，以每次收入额为应纳税所得额。

四、个人所得税征收管理

个人所得税的征收办法有自行申报纳税和全员全额扣缴申报纳税两

种。自行申报纳税指的是纳税人自行在税法规定的纳税期限内，向主管税务机关进行纳税申报，申报时填写个人所得税纳税申请表，并按照税法规定计算应纳税额。全员全额扣缴申报指的是由扣缴义务人在向个人支付所得时，依照税法规定代扣税款的方法。

（一）自行申报纳税

（1）取得综合所得需要办理汇算清缴；
（2）取得应税所得没有扣缴义务人；
（3）取得应税所得，扣缴义务人未扣缴税款；
（4）取得境外所得；
（5）因移居境外注销中国户籍；
（6）非居民个人在中国境内从两处以上取得工资、薪酬所得。

（二）全员全额扣缴申报纳税

扣缴义务人为向个人支付所得的单位或个人，扣缴内容包括除经营所得外的全部个人所得。扣缴义务人应该将每月或者每次预缴或代扣税款，在次月15日内缴纳国库，并向税务机关报送《个人所得税扣缴申请表》。

扣缴义务人在办理全员全额申报时填报《个人所得税基础信息表》和《个人所得税扣缴申请表》。《个人所得税基础信息表》为首次为员工申报支付所得或者纳税人相关基础信息发生变化时进行填写，下月进行税款代扣时进行报送。扣缴义务人在表头填写扣缴义务人法定名称全称，纳税人识别号；在纳税人基本信息栏位填写代扣员工基本信息、任职受雇从业相关信息、纳税人的联系方式、银行账户（开户行写总行名称）、涉税事由等相关信息。

《个人所得税扣缴申请表》为扣缴义务人对纳税人的收入所得进行个税预扣预缴申报时填报的表单。表头包括税款所属期、扣缴义务人名称和纳税识别；内容栏位主要填写纳税人的相关信息；在所得项目栏位分别填报纳税人的应税项目,在本月情况下填写当月的纳税具体内容,纳税具体内容包括本月所得、专项附加扣除等内容;在累计情况栏位填写纳税人的总计累计金额等;其他纳税人享受的减免税项目、捐赠项目分别填入相应栏位。

(三)2020年度个人所得税汇算清缴

1. 汇算清缴内容

按照税法规定,2020年度终了后,居民个人需要汇总全年1月1日至12月31日取得的四项所得,减去费用6万元以及专项扣除、专项附加扣除、依法确定的其他扣除和符合条件的公益慈善事业捐赠,然后根据综合所得个人所得税税率表减去速算扣除数,计算出2020年度应纳税额,然后再减去2020年度已预缴税额,最终得出应退或应补税额,向税务机关申报并办理退税或补税。

注意个人进行年度汇算时不涉及财产租赁等分类所得,以及纳税人按规定选择不并入综合所得计算纳税的全年一次性奖金等所得。

2. 符合下列情况的纳税人,需要办理年度汇算

(1)2020年已预缴税额大于年度应纳税额且申请退税的。

(2)2020年综合所得收入超过12万元且需要补税金额超过400元的。

> 政策提示:
>
> 纳税人在2020年度已依法预缴个人所得税且符合下列情形之一的,无须办理年度汇算。
>
> (1)纳税人年度汇算需补税但综合所得收入全年不超过12万元的;
>
> (2)纳税人年度汇算需补税金额不超过400元的;
>
> (3)纳税人已预缴税额与年度应纳税额一致或者不申请年度汇算退税的。

3. 可享受税前扣除项目

纳税人在 2020 年发生的下列税前扣除项目，且未申报扣除或未足额扣除的，在年度汇算期间可办理扣除或者补充扣除：

（1）2020 年纳税人及其配偶、未成年子女发生的、符合条件的大病医疗支出；

（2）2020 年纳税人符合条件的子女教育、继续教育、住房贷款利息或住房租金、赡养老人专项附加扣除，以及减除费用、专项扣除、依法确定的其他扣除；

（3）2020 年纳税人符合条件的捐赠支出。

4. 办理时间

2020 年度个人所得税年度汇算时间为 2021 年 3 月 1 日至 6 月 30 日，如果是在中国境内无住所的纳税人在 2021 年 3 月 1 日前离境的，也可在离境前去办理年度汇算。

5. 办理方式

纳税人可选择自行办理或通过任职受雇单位代为办理，也可以委托涉税专业服务机构或其他单位及个人办理。

6. 办理渠道

纳税人可通过网上税务局办理年度汇算，如果不方便网上办理的，也可以采取邮寄方式或到办税服务大厅现场办理。

办理年度汇算清缴需要退税的纳税人，需要提供符合条件的银行账户，税务机关审核后，按照规定会将多征税款退回本人银行账户。需要办理补税的纳税人，可通过网上银行、银行柜台或办税服务厅 POS 机刷卡等方式缴纳税款。

五、个人所得税税务筹划

在我国，个人所得税征收与其他税种不同，除了特殊人群需要自己进行申报外，一般为企业代扣代缴。个人所得税的税务筹划一方面可以用合法合理的方式减轻企业和职工的税收负担；另一方面企业通过筹划可以提升员工的幸福感。

个人所得税的税收筹划主要以工资收入、劳务收入、年终奖等项目的筹划为主，在进行具体筹划时，对纳税人全年取得的收入总额，通过调整其收入项目，减少其应税收入来源，避免税基增加；或者在收入确定的情况下，将纳税时间延后，从而使纳税人获得货币的时间价值。

（一）福利费纳税筹划

按照税法规定，纳税人的部分收入是可以免征个人所得税的，如企业按照国务院规定发放给纳税人的福利费、抚恤金、救济金等。或者按照税法规定，员工因工作原因不能按时吃饭，从而给予员工的差旅费补助、误餐津贴、办公通信费用等，不征收个人所得税。

对于年收入超过6万元的员工，如果员工不着急等钱用，企业可以适当降低员工的基本工资，适当提高一些免征个人所得税的补助项目，如住房公积金、养老保险等项目，从而减少个税的征收。

（二）扣除项目纳税筹划

居民个人取得的收入总额，在扣除费用6万元以外，还可以扣除专项扣除、专项附加扣除和依法确定的其他项目。

1. 专项扣除

专项扣除指的是纳税人国家标准内的基本养老保险、基本医疗保险、失业保险和住房公积金。对于个人领取的原提存的住房公积金、医疗保险金和基本养老保险金免征个人所得税。

2. 专项附加扣除项目

本项目包括对子女教育、继续教育、大病医疗、住房贷款利息、住房租金及赡养老人等方面的扣除项目。纳税人有子女正在接受全日制学历教育的，每个子女每月的扣除标准为1 000元；纳税人接受学历继续教育的，在继续教育期间按照每月 400 元扣除，扣除期限不超过 48 个月；纳税人年度发生医疗费用，扣除医保报销金额超过 1.5 万元的，在年终汇缴时，以不超过 8 万元标准内全部扣除；纳税人及其配偶购买首套住房发生的住房贷款利息支出，在发生年度按照每月 1 000 元标准扣除，最长不超过 20 年；纳税人产生住房租金的，按照地市标准分别扣除；赡养年满 60 岁父母或子女去世的祖父母、外祖父母的，独生子女和非独生子女分别按照相应标准进行扣除。

3. 其他扣除

其他扣除包括纳税人缴纳的企业年金、职业年金或个人购买的符合国家标准的商业健康保险、税收递延性商业养老保险等内容。

员工应该协助企业，做好扣除项目的填报。在进行纳税筹划时，纳税人可以利用这些扣除项目降低收入总额，从而适当减少纳税基数，使税负降低。

（三）年终奖的纳税筹划

按照税法规定，2019 年 1 月 1 日至 2023 年 12 月 31 日期间居民个人取得全年一次性奖金，不并入当年综合所得进行纳税，而是将全年一次性奖金收入除以 12 后，按照月份超额累计税率表进行计算，单独进行纳税。

应纳税所得额 = 全年一次性奖金收入 × 适用税率 – 速算扣除数

年终奖换算的累进制税率见下表：

年终奖换算的累进式税率

级　数	全月应纳税所得额	税率（%）	速算扣除数（元）
1	不超过 3 000 元的	3	0
2	超过 3 000 元至 12 000 元的部分	10	210
3	超过 12 000 元至 25 000 元的部分	20	1 410
4	超过 25 000 元至 35 000 元的部分	25	2 660

续上表

级 数	全月应纳税所得额	税率（%）	速算扣除数（元）
5	超过35 000元至55 000元的部分	30	4 410
6	超过55 000元至80 000元的部分	35	7 160
7	超过80 000元的部分	45	15 160

在2019年至2023年年末，企业可以对纳税人获得的全年一次性奖金进行单独计税或者综合计税。

某公司员工李某，年工资数额为50 000元，专项扣除及附加项目金额总计10 000元，取得全年一次性奖金10 000元。对李某全年一次性奖金用单独计税和综合计税两种不同的方法分别计算，并比较李某需缴纳个税的多少。

单独计税时：

由于李某的年工资减去扣除项目后金额为40 000元，减去不征税收入60 000元，应纳税所得额为负数，故李某本年工资收入不需要缴纳个税。

李某取得的全年一次性奖金10 000元除以12后为833元，小于3 000元，根据月份超额累进税率，应按照第一档3%税率进行计征，所以李某全年一次性奖金需要缴纳个税=10 000×3%=300元。

综合计税时：

李某年应纳税所得额=40 000+10 000-60 000=-10 000元，由于金额为负数，故不缴纳个税。

如果其他项目不变，李某取得年工资数是90 000元，则不同计税方式所缴纳的个税分别如下：

单独计税时——

工资收入纳税额=（90 000-10 000-60 000）×3%=600元；

年终奖需要缴纳个税=10 000×3%=300元；

所以当年李某共需缴纳个人所得税款为900元。

综合计税时——

应纳税所得额 =90 000+10 000-10 000-60 000=30 000 元；

本年应交个税 =30 000×3%=900 元；

这时单独计税和综合计税缴纳税金相同。

若其他项目不变，李某取得年工资数为 180 000 元，则不同计税方式所缴纳的个税分别如下：

单独计税时——

工资收入纳税额 =（180 000-10 000-60 000）×10%-2 520=8 480 元；

年终奖需要缴纳个税 =10 000×3%=300 元；

所以当年李某共需缴纳个人所得税款为 8 780 元。

综合计税时——

应纳税所得额 =180 000+10 000-10 000-60 000=120 000 元；

本年应交个税 =120 000×10%-2 520=9 480 元；

两相对比可知，选择单独计税方式李某需要缴纳的个人所得税款会较少。

通过上面的案例可知，对于全年应纳税所得额为负数的员工，如果将全年一次性奖金与工资合并计算个税则比较优惠；如果全年应纳税所得额不超过 36 000 元，则两种方式的个税金额相同；如果全年应纳税所得额超过 36 000 元的，则选择单独计税比较优惠。

为什么这样呢？这是因为个人所得税应纳税所得额采用的是累进制税率，也就是说只要应纳税所得额超过标准金额 1 元，就要按照更高税率进行计征，这会出现虽然员工收入增加，但是因为税率增加，最后导致实际发放到员工手里的工资反而减少的情况，所以企业在发放全年一次性奖金时，需要根据员工个人的情况进行合理的筹划，以免降低员工的所得。

根据相关规定，如果年终奖不超过 36 000 元，则征收税率始终是 3%，不过因为采用的是累进税率核算，所以只要年终奖超过 36 000 元，哪怕只多 1 元，纳税人就要按照高一档税率进行税款核算，从而导致多交税款，这个问题企业在筹划的时候要为员工多考虑一些。下表为不同年终奖计算的税金及税金变化：

不同年终奖计算的税金

年终奖（元）	每月应纳税额（元）	税率（%）	速算扣除数（元）	应纳税额（元）	增加税额（元）	实发金额（元）
36 000	3 000	3	0	1 080		34 920
36 001	3 000.08	10	210	3 390.1	2 310.1	32 610.9
38 567	3 213.89	10	210	3 646.67	2 566.67	34 920
140 000	120 000	10	210	14 190		129 810
140 001	12 000.08	20	1 410	27 390.2	13 200.2	116 610.8
160 500	13 375	20	1 410	30 690	16 500	129 810.0
……	……	……	……	……	……	

根据表格计算结果，我们可以明显发现，年终奖为 36 000 元时，实发奖金金额为 34 920 元；而年终奖为 36 001 元，不仅没有因年终奖的增加获得更高收入，反而提高了个税税款，使得税款征收金额因为一块钱的奖金收入提高 2 310.1 元。我们将奖金数额在 36 000 元到 38 567 元的区间叫作年终奖盲区。下表为所有累进档次下年终奖的盲区分布：

年终奖盲区分布

序　号	年终奖盲区（元）	建议发放数（元）	最少合理节税（元）
1	36 000～38 567	36 000	2 310
2	144 000～160 500	144 000	13 200
3	300 000～318 333	300 000	13 750
4	420 000～447 500	420 000	19 250
5	660 000～706 538	660 000	30 250
6	960 000～1 120 000	960 000	88 000

在这个 36 000 元到 38 567 元的年终奖盲区区间，我们建议企业将年终奖金额发放制定为 36 000 元，在此奖金发放水平上，不仅可以减少企业的开支，也不会使个人由于奖金的增加而多缴纳个税。我们讲年终奖并不是越高越好，并不是要求企业就将纳税人的年终奖水平制定最低，企业可以将盲区部分的奖金按照其他形式给员工发放，如生活补助金等。

第五章

其他税（费）的会计核算和纳税筹划

第一节 附加税（费）的会计核算和纳税筹划

一、城市维护建设税的会计核算与申报

城市维护建设税的纳税人是指在中华人民共和国境内缴纳增值税、消费税的单位和个人。增值税、消费税的代扣代缴、代收代缴义务人同时也是城建税的扣缴义务人。需要注意的是，各类纳税人的进口环节不缴纳城建税，这也体现了城市维护建设税这一税种的性质，在我国城市、区县从事经营业务的需要缴纳，而进口货物的生产加工在境外进行，所以不属于城市维护建设税的征税范畴。

城市维护建设税采用地区差别比例税率：纳税人所在地为市区的税率为7%，所在地为县城、镇的税率为5%，所在地不在市区、县城或镇的，税率为1%。

城市维护建设税的计算公式如下：

应纳城市维护建设税税额＝（实际缴纳的增值税＋实际缴纳的消费税）× 适用税率

公式中实际缴纳的增值税、消费税，包含纳税人每个征期向税务机关实际缴纳的增值税、消费税，还包括被税务机关查补的增值税、消费税，以及出口产品退还的增值税和消费税。

我们知道城市维护建设税是增值税和消费税的一种附加税，缴纳增值税或者消费税就必须要缴纳城市维护建设税，那么增值税和消费税如果存在代扣代缴的情况，城市维护建设税的税率应当如何选择呢？

假如一个经营地点在市区的企业，委托县城的企业加工一批应税消

费品，由受托方代扣代缴消费税，那么，城市维护建设税的税率为市区的 7% 还是县城的 5% 呢？这就涉及城市维护建设税的一个特殊规定，代扣代缴的城市维护建设税，适用于缴纳增值税、消费税所在地的税率。

> **政策提示：**
> 2020 年 8 月 11 日第十三届全国人民代表大会常务委员会第二十一次会议通过了《中华人民共和国城市维护建设税法》，该法将于 2021 年 9 月 1 日起正式实施，届时 1985 年 2 月 8 日国务院发布的《中华人民共和国城市维护建设税暂行条例》同时废止。

同时，城市维护建设税随同增值税、消费税的减免而享有减免政策，对于因减免税而需进行增值税、消费税退库的，城市维护建设税也同时退库；但是对出口产品退还增值税、消费税的，不退还已缴纳的城市维护建设税；对增值税、消费税实行先征后返、先征后退、即征即退办法的，除另有规定外，对随增值税、消费税附征的城市维护建设税，一律不予退（返）还。

城市维护建设税的纳税期限分别与增值税、消费税的纳税期限一致。企业应当在每个纳税申报期内，将增值税或者消费税申报完毕后，申报附加税申报表。附加税申报表见下表：

附加税申报表部分表格

本期是否适用增值税小规模纳税人减征政策							■是	□否
税（费）种	计税（费）依据						税率（征收率）	本期应纳税（费）额
	增值税		消费税	营业税	合计		
	一般增值税	免抵税额					
	1	2	3	4	5=1+2+3+4	6	7=5×6
市区（增值税附征）	0.00	0.00	0.00	0.00	0.00	7.00%	0.00
增值税教育费附加	0.00	0.00	0.00	0.00	0.00	3.00%	0.00
增值税地方教育附加	0.00	0.00	0.00	0.00	0.00	2.00%	0.00
合计	0.00	0.00	0.00	0.00	0.00	—	0.00

城市维护建设税与增值税、消费税相比就很简单了，只要填入正确的计税依据和税率，就能计算出本期应缴纳税额。

二、教育费附加与地方教育附加的会计核算与申报

1. 教育费附加

教育费附加是由税务机关负责征收，同级教育部门统筹安排，同级财政部门监督管理，专门用于发展地方教育事业的预算外资金。

教育费附加的纳税人是缴纳增值税、消费税的单位和个人，包括代征增值税、消费税的单位和个人，其征收比率为3%，计算公式为：

> 应纳教育费附加 =（实际缴纳的增值税 + 实际缴纳的消费税）× 3%

教育费附加随同增值税、消费税的减免而享有减免政策，对于因减免税而需进行增值税、消费税退库的，教育费附加也同时退库；但是对出口产品退还增值税、消费税的，不退还已缴纳的教育费附加；对增值税、消费税实行先征后返、先征后退、即征即退办法的，除另有规定外，对随增值税、消费税附征的教育费附加，一律不予退（返）还。

教育费附加的纳税期限分别与增值税、消费税的纳税期限一致，与城市维护建设税填报在同一张附加税申报表上，进行纳税申报。

2. 地方教育附加

地方教育附加是一项地方政府性基金，主要用于各地方教育经费的投入补充。

按照地方教育附加使用管理规定，在各省、直辖市的行政区域内，凡缴纳增值税、消费税的单位和个人，都应按规定缴纳地方教育附加，其征收比率为2%，计算公式为：

> 应纳地方教育附加 =（实际缴纳的增值税 + 实际缴纳的消费税）× 2%

我们通过案例，来看看实际工作中，城市维护建设税、教育费附加、地方教育附加是如何计算的。

甲企业为位于市区增值税一般纳税人，2021年2月增值税销项税额为70万元，进项税额为60万元，上期留抵税额为12万元，计算甲企业当月需要缴纳的增值税额，及城市维护建设税、教育费附加、地方教育附加。

首先，计算甲企业2020年2月应缴纳的增值税额 =70-60-12=-2万元，所以甲企业本月不需要缴纳增值税，还有2万元的留抵税金，以备以后月份抵扣。

接下来我们计算三种附加税费，案例中销项税额70万元，我们是否要用70万销项税额，作为计算三种附加税费的计税依据呢？

答案是否定的，回顾三种附加税的计算公式，计税基础为实际缴纳的增值税和消费税，甲企业本月确实实现了销售收入，也形成了销项税额，但是由于上期留抵税额与本月进项税额足够抵扣，本月并没有实际缴纳的增值税，所以三种附加税费应缴纳的税额为0元。

甲企业为位于市区增值税一般纳税人，2021年2月增值税销项税额为70万元，进项税额为60万元，上期留抵税额为2万元，计算甲企业当月需要缴纳的增值税额，及城市维护建设税、教育费附加、地方教育附加。

甲企业2021年2月应缴纳的增值税额 =70-60-2=8万元

根据上个案例更改了上期留抵税额的这个条件，甲企业2020年2月需要缴纳8万元的增值税，我们来计算三种附加税费：

应纳城市维护建设税税额 =80 000 × 7%=5 600元；

应纳教育费附加 =80 000 × 3%=2 400元；

应纳地方教育附加 =80 000×2%=1 600 元。

地方教育附加随同增值税、消费税的减免而享有减免政策，对于因减免税而需进行增值税、消费税退库的，地方教育附加也同时退库；但是对出口产品退还增值税、消费税的，不退还已缴纳的地方教育附加；对增值税、消费税实行先征后返、先征后退、即征即退办法的，除另有规定外，对随增值税、消费税附征的教育费附加，一律不予退（返）还。

地方教育附加的纳税期限分别与增值税、消费税的纳税期限一致，与城市维护建设税和教育费附加填报在同一张附加税申报表上，参考附加税申报表格。

三、附加税（费）的税务风险与纳税筹划

从前面小节我们可以知道，城市维护建设费、教育费附加和地方教育附加（以下通称为城建税和附加费）均是以纳税人增值税和消费税的税款为计税依据，在缴纳增值税、消费税时分别同时缴纳。由此可知，企业在日常经营中容易产生的城建税和附加费缴纳的税务风险主要指在缴纳增值税、消费税的同时未计算缴纳城建税和附加费。

另外还可能产生的风险是企业实际缴纳的增值税、消费税金额与企业应该缴纳的城建税与附加费不相匹配。企业在进行城建税和附加费核算时，应当查看企业城建税的税率选择是否正确，在确保计税基础和税率正确的状况下进行税款核算。

由于城建税和附加费都是随同增值税、消费税的减免而享有减免政策，对于因减免税而需进行增值税、消费税退库的，城建税和附加费也同时退库。在进口环节产生的增值税、消费税是不作为城建税和附加费的计税基础的，但是对出口产品是退还增值税、消费税的，不退还已缴纳的城建税和附加费。另外出口货物免抵的增值税从性质上看是纳税人内销货物应纳的增值税税额，应作为计税依据，在计算时应该加计。

由于城建税和附加费的计税基础是消费税和增值税，因此增值税和消费税的税务筹划适用于城建税和附加费的税务筹划，计税基础越小，企业缴纳税款越少。

除了计税基础对城建税和附加费的税额影响外，支持国家重大水利工程建设的纳税人，对于国家重大水利工程建设基金免征城建税和附加费。

另外，2021年4月1日至2022年3月31日，全国各地的增值税小规模纳税人适用3%征收率的应税销售收入，减按1%征收率征收增值税（2022年4月1日至2022年12月31日，增值税小规模纳税人适用3%征收率的应税销售收入曾进行免征优惠），2023年该政策依然延续，所以相应的城市维护建设税、教育费附加和地方教育附加都会相应地减少和免征。

企业应根据自身情况，适当应用国家的优惠政策进行提前筹划，以减少企业需缴纳的税额。

第二节 财产类税的会计核算

一、房产税的会计核算与申报

房产税是以房屋为征税对象，按房屋的计税余值或租金收入为计税依据，向产权所有人征收的一种财产税。

房产税的纳税义务人是指征税范围内的房屋产权所有人，通常来讲就是谁的房谁缴税。房产税虽然以房屋为征税对象，但不是所有的房屋都需要缴纳房产税，其征收范围限于城镇的经营性房屋。《中华人民共和国房产税暂行条例》规定，房产税在城市、县城、建制镇和工矿区征收。城市、县城、建制镇、工矿区的具体征税范围，由各省、自治区、直辖市人民政府确定。

以下哪一项需要缴纳房产税呢？

农村的居住用房 ✗

建在室外的露天游泳池 ✗

房开企业尚未使用或出租而待售的商品房 ✗

个人拥有的市区经营性用房 ✓

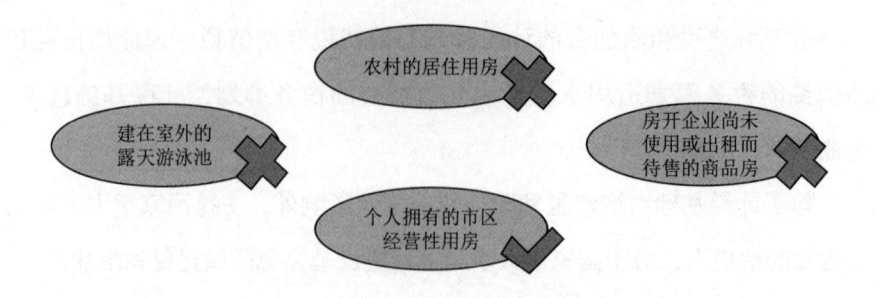

只有"个人拥有的市区经营性用房"属于房产税的征税范围。

(一) 税率

房产税税率采用比例税率，按照房产余值计征的，年税率为1.2%；按房产租金收入计征的，年税率为12%。注意这里的税率为年税率，也就是说，只要是属于其征税范围的房屋，每年都要缴纳房产税，如果是个人出租住房不分用途，按4%的优惠年税率计征房产税。

(二) 计算

我们先给出按照房产余值计征的房产税计算公式：

> 应纳税额（年税额）= 应税房产原值 ×（1−扣除比例）× 年税率1.2%

那么，房产余值应该如何计算呢？

按照房产原值一次减除10%～30%损耗后的余值计征，具体的扣除比例由省、自治区、直辖市人民政府确定。

房产原值包括地价，地价是指为取得土地使用权而向国家支付的土地出让金、开发土地发生的成本费用等，宗地容积率低于0.5的，按房产建筑面积的2倍计算土地面积，并据此计入房产原值的地价。容积率为实际建筑面积与占地面积的比率。

独立的地下建筑物，应对房产原值进行调整。地下建筑物为工业用途的，以房屋原价的50%～60%作为应税房产原值；地下建筑物为商业及其他用途的，以房屋原价的 70%～80% 作为应税房产原值。原值明显不合理的应当进行评估，没有原值的由所在地税务机关参考同类房屋的价值核定。

知道房产余值的计算原理之后，我们来看看房产税应当如何计算。

第一步：应当用房产原值减除规定比例的损耗来确定计税余值。

第二步：用第一步计算的计税余值乘税率计算房产税年税额。

第三步：按照房产税的纳税义务发生期间对纳税额进行确定，因为此时算出的税额为年税额，如果缴纳房产税的义务仅有几个月，我们就折算成对应月份的应纳税额。

以上这三个步骤适用于不存在地下建筑物的情况，或者地下建筑物与地上建筑物视为一个整体，如果是独立的地下建筑物，我们需要在第一个步骤之前，加一个确定房产原值的步骤，也就是四个步骤。

房产税是小税种里计算比较复杂的一个税种，只是文字说明读者可能不太好理解，我们通过案例来学习就简单了。

2021 年，甲企业支付不含增值税价 1 600 万元，取得 20 000 平方米的土地使用权，以不含税工程成本 200 万元，在该土地上建设一座 12 000 平方米的厂房，2023 年初该工程竣工验收，计算该企业缴纳房产税的房产原值。

房产原值 =1 600+200=1 800 万元，这里涉及的政策规定为：对于按照房产原值计算房产税的，无论会计上如何核算，房产原值均应包含地价。

乙企业拥有一处商业用途的独立地下建筑物，于 2023 年之前购入，房产原价 500 万元。当地规定房产原值减除比例为 30%，商业用途地下建筑物以原价的 80% 作为应税房产原值，计算乙企业 2023 年应缴纳的房产税。

我们按照步骤计算房产税，案例中涉及独立的地下建筑物，我们分四个步骤来计算：

第一步：计算应税原值 =500×80%=400 万元；

第二步：计算应税余值 =400×（1-30%）=280 万元；

第三步：计算房产税年税额 =280×1.2%=3.36 万元；

第四步：计算所属税期对应的房产税额，由于案例中要求计算的为 2023 年全年的房产税，所以不需要进行折算。

假设乙企业在 2023 年 3 月 15 日将该房产出售，那么 2023 年乙企业应缴纳的房产税该如何计算呢？

根据税法规定，纳税人因房产的实物或权利状态发生变化，而依法终止房产税纳税义务的，其应纳税额的计算应截至房产的实物或权利状态发生变化的当月末。案例中乙企业 2023 年应缴纳房产税的期限为第一季度，应缴纳房产税 =3.36÷12×3=0.84 万元。

接下来，我们来看看从租计征房产税的计算公式：

$$应纳税额 = 租金收入 \times 12\%（或 4\%）$$

从租计征与从价计征相比，计算步骤非常简单，只需要用租金收入乘以相应的税率即可，如果是个人出租房屋，用 4% 优惠税率计算。需要注意的是，对于出租房产，租赁双方签订的租赁合同有免租期限的，免收租金期间由产权所有人按照房产余值缴纳房产税。

（三）申报

1. 纳税义务期间和纳税地点

政策提示：

《国家税务总局关于简并税费申报有关事项的公告》（国家税务总局公告 2021 年第 9 号）规定——自 2021 年 6 月 1 日起，纳税人申报缴纳城镇土地使用税、房产税、车船税、印花税、耕地占用税、资源税、土地增值税、契税、环境保护税、烟叶税中一个或多个税种时，使用《财产和行为税纳税申报表》。纳税人新增税源或税源变化时，需先填报《财产和行为税税源明细表》。

房产税在房产所在地缴纳，对房产不在同一地方的纳税人，应按房产的坐落地点分别向房产所在地的税务机关纳税。

由于房产税的征收范围限于城镇的经营性房屋，只有在房屋作为经营使用时，才需要缴纳房产税，这就涉及纳税义务期间的问题，规定如下：

（1）纳税人将原有房产用于生产经营，从生产经营之月起，缴纳房产税。

（2）纳税人自行新建房屋用于生产经营，从建成之次月起，缴纳房产税。

（3）纳税人委托施工企业建设的房屋，从办理验收手续的次月起，缴纳房产税。

（4）纳税人购置新建商品房，自房屋交付使用之次月起，缴纳房产税。

（5）纳税人购置存量房，自办理房屋权属转移、变更登记手续，房地产权属登记机关签发房屋权属证书之次月起，缴纳房产税。

（6）纳税人出租、出借房产，自交付出租、出借房产之次月起，缴纳房产税。

（7）房地产开发企业自用、出租、出借本企业建造的商品房，自房屋使用或交付之次月起，缴纳房产税。

（8）纳税人因房产的实物或权利状态发生变化，而依法终止房产税纳税义务的，其应纳税款的计算应截至房产的实物或权利状态发生变化的当月末。

2. 纳税申报

房产税实行按年计算、分期缴纳的征收办法，具体纳税期限由省、自治区、直辖市人民政府确定。

从 2021 年 6 月 1 日起，纳税人申报房产税，填写《财产和行为税纳税申报表》，如果纳税人新增税源或税源变化时，需先填报《财产和行为税税源明细表》。纳税人根据自己的实际情况在相应的栏目填写相关信息，确认无误后保存申报，然后选择适合的缴款方式进行税款缴纳。

二、契税的会计核算与申报

契税是指土地、房屋产权发生转移变动时，就当事人所订契约按产价的一定比例向产权承受人征收的一次性税收。从契税的定义中，我们找到两个关键点，一是只有产权变动时，才需要缴纳契税；二是谁来缴纳契税。这里的产权承受人是指产权的新业主，谁得到了产权谁缴纳契税。

> 政策提示：
> 2020年8月11日第十三届全国人民代表大会常务委员会第二十一次会议通过了《中华人民共和国契税法》，该法于2021年9月1日起正式实施，1997年7月7日国务院发布的《中华人民共和国契税暂行条例》同时废止。

（一）契税的具体规定

1. 国有土地使用权的出让，由承受方缴纳契税

国家以土地所有者的身份将土地使用权在一定年限内让与土地使用者，并由土地使用者向国家支付土地出让金的行为，不得因减免出让金而减免契税。

2. 土地使用权的转让，由承受方缴纳契税

土地使用者从国家得到土地使用权后，对其再次转让的情形。转让方式包括出售、赠与、交换或者其他方式，将土地使用权转移给其他单位和个人，土地使用权的转让不包括农村集体土地承包经营权的转移。

3. 房屋买卖，由购买方缴纳契税

以下几种特殊情况，视同买卖房屋，照章缴纳契税：

（1）以房产抵债或实物交换房屋，由产权承受人按房屋现值缴纳契税；

（2）以房产作投资或入股，应按规定办理房屋产权交易和产权变更登记手续，由产权承受方按入股房产现值缴纳契税；

（3）为了拆用材料或是为了得到旧房后翻建成新房而购买房屋，需要办理产权转移手续，由购买方缴纳契税；

（4）房屋无偿转让给受赠者的行为，即房屋赠与，由受赠人缴纳契税；

（5）以获奖方式取得房屋产权的，实质是接受赠与房产，由获奖人缴纳契税；

（6）非法定继承人根据遗嘱承受死者生前的房屋权属，实质是接受赠与行为，由继承人缴纳契税，土地使用权的继承与本条规定相同。

以下几种特殊情况，不需要缴纳契税：

（1）以自有房产作股投入本人独资经营的企业，因未发生权属变化，不需要缴纳契税；

（2）法定继承人继承房屋的，不需要缴纳契税，土地使用权的继承与本条规定相同；

（3）婚姻存续期间夫妻之间变名或加名的免征契税。

（二）税率与计算

契税实行 3%～5% 的幅度税率，由各省、自治区、直辖市人民政府按照该地区的实际情况决定。

契税的计算公式如下：

$$应纳税额 = 计税依据 \times 税率$$

这里的计税依据不含增值税，由于交易的性质不同，有着不同规定：

（1）如果是市场公平交易原则下进行权属转让，有成交价格，以成交价格作为计税依据。例如国有土地使用权出让，以受让者应向国家缴纳的出让金为计税依据；土地使用权转让和房屋买卖，成交价格作为计税依据。

（2）土地使用权、房屋的赠与或者非法定继承，由征收机关参照市场价核定价格，作为计税依据。

（3）如果是土地使用权、房屋之间的交换，等价交换免征契税；不等价交换，依交换价格差额征税。如果是土地使用权、房屋与其他财产的交换，由受让方按房产价值缴纳契税。

甲企业拖欠乙企业 300 万元的款项无力偿还，用房产抵偿该笔债务。乙企业取得该房产的产权并支付给甲企业差价款 20 万元现金。假定当地省政府规定的契税税率为 4%，不考虑其他税费，请问应缴纳契税的企业为甲企业还是乙企业？应缴纳多少契税？

首先，乙企业取得该房产的产权，所以乙企业为契税的纳税人。对于乙企业来说，为了取得该房产支付了 300 万元的债权和 20 万元的现金，所以该房产的市场价格为 320 万元，我们以 320 万元作为计税依据，计算应缴纳契税 =320×4%=12.8 万元。

（三）纳税申报

契税的纳税义务发生时间，为纳税人签订土地、房屋权属转移合同的当天，或者取得其他具有土地、房屋权属转移合同性质凭证的当天。

契税的申报期限：在办理土地、房屋权属登记手续前申报缴纳。

契税的纳税申报地点：土地、房屋所在地，契税在土地、房屋所在地的征收机关缴纳。契税纳税人在规定时间内，填报相关报表，进行申报并缴纳税款。

（四）税收优惠政策

契税不仅仅是企业需要缴的税款，还与百姓的生活息息相关，下面提供个人购买房屋时，契税的优惠政策：

（1）城镇职工按规定第一次购买公有住房，含按政策经批准的集资房、房改房，免征契税。

（2）对个人购买90平方米及以下且属家庭唯一住房的普通住房，减按1%的税率征收契税。

（3）符合《中华人民共和国民法典》规定的法定继承人（包括配偶、子女、父母、兄弟姐妹、祖父母、外祖父母）继承土地、房屋权属，不征契税。

（4）对拆迁居民因拆迁重新购置住房的，对购房成交价格中相当于拆迁补偿款的部分免征契税；成交价格超过拆迁补偿款的，对超过部分征收契税。

（5）婚姻关系存续期间，房屋、土地权属原归夫妻一方所有，变更为夫妻双方共有的，免征契税。

三、车船税的会计核算与申报

车船税是以车船为特征对象，向车辆、船舶的所有人或者管理人征收的一种税。此处所称车船是指依法应当在车船管理部门登记的车船，依法不需要在车船管理部门登记，在单位内部场所行驶或者作业的机动车辆和船舶，也需要缴纳车船税。

车船税的征收范围包括机动车辆和船舶，不包括非机动车辆和非机动船舶，但非机动驳船需要缴纳车船税。

（一）税目税率

车船税实行定额税率，计税单位包括"每辆""整备质量每吨""净吨位每吨""艇身长度每米"，在我国车船税的适用税额，依照《车船税税目税额表》执行。车船税税目税额见下表：

车船税的税目税额表

车船类型	税 目	计税单位	年基准税额（元）	备 注
乘用车[按发动机气缸容量（排气量）分档]	1.0升（含）以下的	每辆	60～360	核定载客人数9人（含）以下
	1.0升以上至1.6升（含）的		300～540	
	1.6升以上至2.0升（含）的		360～660	
	2.0升以上至2.5升（含）的		660～1200	
	2.5升以上至3.0升（含）的		1 200～2 400	
	3.0升以上至4.0升（含）的		2 400～3 600	
	4.0升以上		3 600～5 400	
商用车	客车	每辆	480～1 440	核定载客人数9人（含）以上
	货车	整备质量每吨	16～120	1.包括半挂牵引车、挂车、客货两用汽车、三轮汽车和低速载货车等 2.挂车按照货车税额的50%计算
其他车辆	专用作业车	整备质量每吨	16～120	不包括拖拉机
	轮式专用机械车		16～120	不包括拖拉机
摩托车		每辆	36～180	
船舶	机动船舶	净吨位每吨	3～6	拖船、非机动驳船分别按照机动船舶税额的50%计算游艇的税额另行规定
	游艇	艇身长度每米	600～2 000	

　　车船税法和实施条例所涉及的排气量、整备质量、核定载客人数、净吨位、功率、艇身长度，以车船登记管理部门核发的车船登记证书或者行驶证相应项目所载数据为准。依法不需要办理登记的车船，依法应当登记而未办理登记的车船，以及不能提供车船登记证书、行驶证的车船，以车船出厂合格证明或者进口凭证相应项目标注的技术参数为准；不能提供车船出厂合格证明或者进口凭证的，由主管税务机关参照国家相关标准核定；没有国家相关标准的参照同类车船核定。

　　国务院财政部门、税务主管部门可以根据实际情况，在规定的税目范围和税额幅度内，划分子税目，并明确车辆的子税目税额幅度和船舶的具体适用税额。车船税的具体适用税额由省、自治区、直辖市人民政府在规定的子税目税额幅度内确定。

需要注意的是，客货两用车按照货车计税，挂车按照货车税额的50%计算，拖船、非机动驳船分别按照机动船舶税额的50%计算，征税范围不包括拖拉机。

（二）计算

因为车船税跟车船所在地和车船的种类有关，所以计算应纳车船税税额时应根据当地的车船税税目税额表进行计算。

车船税按年计征，纳税人可在规定的申报纳税期限内一次性缴纳全年税款。对于新购置的车船，其应纳税额自纳税义务发生的当月起按月计算，公式为：

$$应纳税额 =（年应纳税额 \div 12）\times 应纳税月份数$$

我们还是通过案例来了解车船税是如何计算的：

甲企业拥有货车2辆，每辆货车的整备质量为1.5吨；挂车1辆，其整备质量为1.2吨；小汽车1辆。已知货车车船税税率为整备质量每吨年基准税额18元，小汽车车船税税率为每辆年基准税额360元，计算甲企业年应缴纳车船税税额。

货车的车船税 =1.5吨 ×18元/吨 ×2辆 =54元；
挂车的车船税 =1.2吨 ×18元/吨 ×50%×1辆 =10.8元；
小汽车的车船税 =1辆 ×360元/辆 =360元；
甲企业应缴纳的车船税 =54+10.8+360=424.8元。

从案例中可以看到，车船税的税目税率为"整备质量每吨年基准税额"或者"每辆年基准税额"，它的计算也非常简单。

计算车船税时需注意，如果车船是年中取得的，就需要将年应纳税额换算成月份来计算。对于新购置的车船，计算当年的应纳税额要从纳税义务发生的当月起按月计算，其应纳税月份数 =12- 纳税义务发生时间

（取月份）+1。

在一个纳税年度内，已经缴纳过车船税的车船被盗抢、报废、灭失的，纳税人可以凭有关管理机关出具的证明和完税证明，向纳税所在地的主管税务机关申请退还自被盗抢、报废、灭失月份起至该纳税年度终了期间的税款。已办理退税的被盗抢车船失而复得的，纳税人应当从公安机关出具相关证明的当月起计算缴纳车船税。已缴纳车船税的车船在同一纳税年度内办理转让过户的，受让方不需要缴纳车船税，转让方当年已经缴纳的车船税，不予退回。

（三）纳税申报

车船税纳税义务发生时间，为取得车船所有权或者管理权的当月，应当以购买车船的发票或者其他证明文件所载日期的当月为准。纳税人自行申报缴纳车船税的，纳税地点为车船登记地的主管税务机关所在地；扣缴义务人代收代缴车船税的，纳税地点为扣缴义务人所在地；依法不需要办理登记的车船，纳税地点为车船的所有人或者管理人主管税务机关所在地。

车船税按年申报，分月计算，一次性缴纳，纳税年度为公历的1月1日至12月31日。从事机动车第三者责任强制保险业务的保险机构为机动车车船税的扣缴义务人，应当在收取保险费时依法代收车船税，并出具代收税款凭证。

四、财产类税的纳税筹划

（一）房产税的纳税筹划

房产税的税收筹划主要利用税法规定的税收优惠政策，对于广大企业而言，可以关注的税收优惠政策主要有：

（1）自2019年1月1日至2023年12月31日，对国家级、省级科技企业孵化器、大学科技园和国家备案众创空间自用以及无偿或者出租给在孵对象使用的房产免征房产税。

（2）自2019年6月1日至2025年12月31日，为社区提供养老、托育、家政等服务的机构自用或其通过承租、无偿使用等方式取得并用于提供社区养老、托育、家政服务的房产免征房产税。

（3）自2018年1月1日起至2023年12月31日止，对纳税人及其全资子公司从事大型民用客机发动机、中大功率民用涡轴涡桨发动机研制项目自用的科研、生产、办公房产及土地，免征房产税、城镇土地使用税。

以上文提到的第一条优惠政策进行说明：

A公司有一处经省级认定的众创空间，现领导层决定将其出租以获得租金，此时有普通企业B和在孵对象C企业，假设B企业年付租金300 000元，在孵对象C企业年付租金280 000元，房产税税率12%。

如果A公司将众创空间出租给B企业，则A公司每年需缴纳房产税为300 000×12%=36 000元，则该众创空间一共获得收入为300 000-36 000=264 000元。

如果A公司将此众创空间出租给在孵对象C企业，因免征房产税，所以该众创空间获得收入为280 000元，比出租给B企业多16 000元，考虑到众创空间还有其他优惠政策，因此A公司出租给C企业会获得更多收入。

除了以上税收优惠政策，税法规定"为了维持和增加房屋的使用功能或使房屋满足设计要求，凡以房屋为载体，不可随意移动的附属设备和配套设施，如给排水、采暖、消防、中央空调、电气及智能化楼宇设备等，无论在会计核算中是否单独记账与核算，都应计入房产原值，计征房产税。"因此在计算房产税时要格外注意，避免因计算错误而受到税务机关的纳税处罚。

（二）契税的税务筹划

契税的税务筹划也是以契税税法优惠政策为基础。

第一,我国房屋及房屋附属设备在征收时规定,房屋及其附属设备统一计价的,适用与房屋相同契税税率;若单独计价的,按当地契税税率征收。这就要求企业在进行房屋所有权变动合同签订时,充分考虑契税税率的不同,对房屋及其附属设备进行分别核算,以减少企业契税缴纳。

第二,根据税法规定,土地使用权交换、房屋交换,契税的计税依据为其交换的价格差额,因此,企业可以采取交换方式进行转让,减少契税缴纳。

案例:A企业要在B地开设分公司,准备在B地购买办公场所。而B企业则计划在A地开设分部,需要在A地购买办公场所。A企业在A地闲置一处市价为90万元的办公场所,B企业在B地闲置一处市场价为100万元的办公场所。假设A、B企业分别从对方手里购进办公场所,A企业付款100万元,B企业付款90万元,则两家公司均需要缴纳契税。假设契税税率4%,分别计算两家公司契税税款:

A公司缴纳契税税款=100×4%=4万元;

B公司缴纳契税税款=90×4%=3.6万元。

若两公司进行房屋交换,则只需就二者的差额缴纳契税,因A公司需要多支付给B公司10万元,按照交换价格差额计税,B公司无须缴纳契税,A公司应该缴纳10×4%=0.4万元。房屋交换使得二者分别节省契税3.6万元。

(三)车船税的税务筹划

车船税的征税范围为税法所附的《车船税税目税额表》中规定的车辆、船舶。由于车船税规定的车辆已经有明确限制,因此企业应该依据车辆税率临界点进行纳税筹划,根据自身需求合理选择车辆型号。除此之外,企业还可以根据国家规定的车船税税收减免政策进行纳税筹划。如2020年工信部与国家税务总局联合发布了《享受车船税减免优惠的节约能源使用新能源汽车车型目录》，这已经是第十六批了，企业在进行车辆购进时则可以考虑购买名录中规定的车辆型号，以达到免税目的。

第三节 行为目的类税的会计核算

一、船舶吨税的会计核算与申报

船舶吨税是海关对外国籍船舶航行进出本国港口时，按船舶净吨位征收的税，征收原因主要是外国船舶在本国港口行驶，使用了港口设施和助航设备，如灯塔、航标等。外商租用的中国籍船舶，中外合营企业等使用的中国籍船舶，以及我国租用航行国外兼营沿海贸易的外国籍船舶，都应按照规定缴纳船舶吨税。

车船税和船舶吨税都对船舶征税，这两个税种有什么区别呢？

车船税是一种财产税，只针对国内的汽车和船舶进行征税。船舶吨税是针对进出我国港口的国际航行船舶，因使用了我国的资源，遂对其征税。

（一）税目税率和计算

船舶吨税税目税率见下表：

船舶吨税税目税率表

税目 （按船舶净吨位划分）	税率（元/净吨）					
	普通税率 （按执照期限划分）			优惠税率 （按执照期限划分）		
	1年	90日	30日	1年	90日	30日
不超过2 000净吨	12.6	4.2	2.1	9	3	1.5
超过2 000净吨，但不超过10 000净吨	24	8	4	17.4	5.8	2.9

续上表

| 税目
（按船舶净吨位划分） | 税率（元/净吨） ||||||
| | 普通税率
（按执照期限划分） ||| 优惠税率
（按执照期限划分） |||
	1年	90日	30日	1年	90日	30日
超过10 000净吨，但不超过50 000净吨	27.6	9.2	4.6	19.8	6.6	3.3
超过50 000净吨	31.8	10.6	5.3	22.8	7.6	3.8
备注	1. 拖船按照发动机功率每千瓦折合净吨位0.67吨；2. 无法提供净吨位证明文件的游艇按照发动机功率每千瓦折合净吨位0.67吨；3. 拖船和非机动驳船分别按相同净吨位船舶税率的50%计征税款					

从税目税率表中可以发现船舶吨税的税率分为普通税率和优惠税率，中华人民共和国国籍的应税船舶，以及船籍国（地区）与中华人民共和国签订含有相互给予船舶税费最惠国待遇条款的条约或者协定的应税船舶适用优惠税率，其他应税船舶适用普通税率。

计算公式如下：

$$应纳税额 = 船舶净吨位 \times 定额税率（元/净吨）$$

案例 某国有一艘净吨位为1 800吨的机动船舶，停靠在我国某港口装卸货物，已领取船舶吨税执照，期限为30天，该国与我国已经签订含有相互给予船舶税费最惠国待遇条约，计算该应税船舶需要缴纳的船舶吨税。

查询税目税率表可知，不超过2 000净吨，执照期限为30日的优惠税率为1.5元/净吨，应纳船舶吨税=1 800×1.5=2 700元。

如果案例中其他条件不变，由机动船舶变成非机动驳船，该如何计算呢？这里和车船税有一条相同的规定，拖船和非机动驳船分别按照机动船舶税额的50%计算。非机动驳船应纳船舶吨税=1 800×1.5×50%=1 350元。

（二）申报

船舶吨税在应税船舶进入我国港口时，由海关负责征收并制发缴款凭证。船舶吨税纳税义务发生时间为应税船舶进入港口的当日。

应税船舶在进入港口办理入境手续时，应当向海关申报纳税领取吨税执照；已有吨税执照的，应当交验吨税执照或者申请核验吨税执照电子信息。应税船舶在离开港口办理出境手续时，应当交验吨税执照或者申请核验吨税执照电子信息。应税船舶负责人申领吨税执照时，应当向海关提供船舶国籍证书或者海事部门签发的船舶国籍证书收存证明，以及船舶吨位证明。

应税船舶在吨税执照期满后尚未离开港口的，应当申领新的吨税执照，自上一次执照期满的次日起续缴吨税。船舶的负责人应当自海关填发吨税缴款凭证之日起15日内缴清税款。未按期缴清税款的，自滞纳税款之日起至缴清税款之日止，按日加收滞纳税款 0.5‰ 的税款滞纳金。

应税船舶到达港口前，经海关核准先行申报并办结出入境手续的，应税船舶负责人应当向海关提供与其依法履行吨税缴纳义务相适应的担保，应税船舶到达港口后，依照规定向海关申报纳税。

二、印花税的会计核算与申报

印花税是对经济活动和经济交往中订立、领受具有法律效力的凭证的行为所征收的一种税。

（一）印花税的纳税人

印花税的纳税人包括在中国境内设立、领受规定的经济凭证的企业、行政单位、事业单位、军事单位、社会团体、其他单位、个体工商户和其他个人。

印花税的纳税义务人具体分类如下：

（1）立合同人。指各类合同的当事人，即对凭证有直接权利义务关系的单位和个人，但不包括合同的担保人、证人、鉴定人。如果当事人的代理人有代理纳税的义务，则代理人与纳税人负有同等的税收法律义务和责任。

（2）立据人。书立产权转移书据的单位和个人。

（3）立账簿人。设立并使用营业账簿的单位和个人。

（4）领受人。领取或接受并持有权利、许可证照的单位和个人。

（5）使用人。在国外书立、领受，在国内使用应税凭证的单位和个人。

（二）税目税率

印花税共13个税目，包括10类经济合同，分别为购销合同、加工承揽合同、建设工程勘察设计合同、建筑安装工程承包合同、财产租赁合同、货物运输合同、仓储保管合同、借款合同、财产保险合同、技术合同。除合同之外的征税项目还包括产权转移书据，营业账簿，权利、许可证照。对于这13个税目有一些特殊的说明如下：

（1）出版单位与发行单位之间订立的图书、报刊、音像制品的应税凭证，如订购单、订数单等属于购销合同。

（2）购销合同包括发电厂与电网之间、电网与电网之间签订的购售电合同，但是，电网与用户之间签订的供用电合同不征收印花税。

（3）加工承揽合同包括加工、定做、修缮、修理、印刷、广告、测绘、测试等合同。

（4）融资租赁合同属于借款合同，不属于财产租赁合同。

（5）一般的法律、会计、审计等方面的咨询不属于技术咨询，其所立合同不贴印花。

（6）注意产权转移书据的范围及特点——经政府管理机关登记注册的动产、不动产的所有权转移所立的书据，以及企业股权转让所立的书据、个人无偿赠与不动产登记表。

（7）营业账簿分为记载资金的账簿和其他账簿。记载资金的账簿不是指记载货币资金的账簿，而是指记载"实收资本"和"资本公积"资本金数额增减变化的账簿。

（8）权利、许可证照仅包括"四证一照"：政府部门发给的房屋产权证、工商营业执照、商标注册证、专利证、土地使用证。

下为2023年版印花税税目税率表：

2023版印花税税目税率表

税率档次		应用税目
比例税率	万分之零点五	借款合同、融资租赁合同
	万分之三	买卖合同、承揽合同、建筑工程合同、运输合同、技术合同
	万分之五	产权转移书据（其中商标专用权、著作权、专利权、专有技术使用权转让书据新规变为万分之三）、营业账簿中记载资金的账簿（实际按万分之二点五）
	千分之一	租赁合同、仓储合同、保管合同、财产保险合同、证券交易转让书据

需要注意的是，凡由两方或两方以上当事人共同书立的应税凭证，其当事人各方都是印花税的纳税人，应各就其所持凭证的计税金额履行纳税义务。纳税人以电子形式签订的各类应税凭证应按规定征收印花税。

（三）计算

印花税按照税目不同，有比例税率和定额税率之分，计算公式如下：

> 适用比例税率的应纳印花税额 = 计税金额 × 比例税率

这里有一项税收政策，自2018年5月1日起，对按万分之五税率贴花的资金账簿减半征收印花税，对按件贴花五元的其他账簿免征印花税。

> **政策提示：**
> 2020年4月，财政部、税务总局联合发布了《关于延续实施普惠金融有关税收优惠政策的公告》，明确规定对金融机构与小型企业、微型企业签订的借款合同免征印花税，并且这个优惠政策将继续延续到2023年12月31日。

适用比例税率的计算相对来说比较复杂，复杂的不是在计算，而是计税依据的确认。印花税计税的一般规定如下：

（1）借款合同。计税金额为借款金额（不包含利息部分）；

（2）融资租赁合同。计税依据为合同所标明的租金；

（3）买卖合同。计税依据为买卖价款；

（4）承揽合同。计税依据为合同所标明的报酬；

（5）建筑工程合同。计税依据为合同价款；

（6）运输合同。计税依据为不包括所运货物的金额、装卸费和保险费的运输费用；

（7）技术合同。计税依据为价款、报酬或使用费；

（8）租赁合同。计税依据为合同所标明的租金；

（9）保管合同。计税依据为合同所标明的保管费；

（10）仓储合同。计税依据为合同所标明的仓储费；

（11）财产保险合同。计税依据为合同所标明的保险费；

（12）产权转移书据。计税依据为转移产权所取得的价款；

（13）营业账簿（资金账簿）。计税依据为实收资本（股本）和资本公积合计金额；

（14）证券交易转让书据。计税依据为证券转让的成交金额。

甲企业接受乙企业委托加工一批产品，签订的加工承揽合同总金额500万元，合同记载乙企业提供主要材料金额200万元，甲企业提供辅助材料金额为80万元，加工费220万元，计算甲企业应缴纳多少印花税？

案例属于加工承揽合同中由委托方提供主要材料的情况，受托方甲企业应当对辅助材料费用和加工费这两部分缴纳印花税，而由委托方乙企业提供的主要材料部分，不需缴纳。

甲企业应缴纳印花税额 =（80+220）× 0.03%=0.09 万元。

丙企业作为承包方与丁企业签订一份建筑承包合同，合同金额4 000万元。丙企业在施工期间，将其中价值600万元的安装工程转包给戊企业，并签订转包合同。计算丙企业应缴纳多少印花税？

案例属于建筑安装工程承包合同再转包的情形，丙企业属于签订了两份合同，一份承包，一份发包，应当对两份合同都缴纳印花税。

丙企业应缴纳印花税额 =（4 000+600）×0.03%=1.38 万元。

上面只列举了两种情况印花税的计算，在实际工作中，虽然印花税计算过程比较简单，企业也应当注意各种合同计税依据的确认条件，以确保应纳税额的准确。

（四）申报

印花税传统的纳税方法为自行贴花、汇贴或汇缴、委托代征。现在我国税务机关推行网上办税，为简化贴花手续，纳税人可以从国家税务总局网站的电子税务局系统，按月份或者季度自行申报缴纳各种合同类的印花税，按年自行申报缴纳营业账簿印花税，并根据新政策正确填写相关报表，然后及时缴纳税款。

三、车辆购置税的会计核算与申报

车辆购置税是以在中国境内购置规定车辆为课税对象，在特定的环节向车辆购置者征的一个税种，纳税环节为最终消费环节，一次征收。可以简单理解为，车辆如果已经缴纳过车辆购置税，无论后续转让几次，都不需要再缴纳车辆购置税了。

车辆购置税的纳税人是在我国境内购置应税车辆的单位和个人，这里的车辆包括汽车、摩托车、电车、挂车、农用运输车，购置是指以购买、进口、自产、受赠、获奖或者其他方式取得并自用应税车辆的行为。

这里一个非常关键的点就是自用，如果是车辆经销商购进车辆并销售的行为，在购进环节不需要缴纳车辆购置税，而是消费者从车辆经销商处购买车辆自用时，由消费者缴纳车辆购置税。

（一）税率与计算

我国车辆购置税实行统一比例税率，税率为 10%。

车辆购置税的计算公式如下：

$$应纳车辆购置税 = 计税依据 \times 税率 10\%$$

又是简单的从价定率计算公式，只是在计税依据的确认上，不同情况有着不同的处理方法，具体规定如下：

（1）购买自用应税车辆，计税依据为纳税人实际支付给销售者的全部价款，注意这里要以剔除增值税后的金额作为计税依据，计算公式为增值税的价税分离。

计税价格 = 实际支付给销售者的全部价款 ÷（1+ 增值税税率或征收率）

（2）进口自用应税车辆，计税依据为关税的完税价格与关税之和，如果进口车辆属于应税消费品的，还应当加上消费税的税额。

计税价格 = 关税完税价格 + 关税 + 消费税

计税价格 =（关税完税价格 + 关税）÷（1- 消费税税率）

（3）自产自用应税车辆的计税价格，按照纳税人生产的同类应税车辆的销售价格确定，不包括增值税税款。如果纳税人申报的应税车辆计税价格明显偏低，又无正当理由的，由税务机关核定其应纳税额。

（4）以受赠、获奖或者其他方式取得自用应税车辆的计税价格，按照购置应税车辆时相关凭证载明的价格确定，不包括增值税税款。

2021 年 3 月，小张从 4S 店购买轿车自己使用，支付含增值税的价款 113 000 元，另支付含增值税的车辆装饰费 2 260 元，以上款项均取得机动车销售统一发票，4S 店代收保险费 6 000 元，取得由保险公司开具的票据。计算小张应缴纳的车辆购置税。

我们知道购买自用应税车辆计税依据为实际支付给销售者的全部价款，而这些全部价款都包括什么呢？具体包括随购买车辆支付的工具件和零部件价款、支付的车辆装饰费和销售单位开展优质销售活动所开票收取的有关费用，并且都不含增值税。而由保险公司开具票据，销售方代收的保险费，并不计入计税依据。

由此，小张应缴纳的车辆购置税=（113 000+2 260）÷（1+13%）×10%=10 200元。

政策提示：

2020年4月，财政部、税务总局、工业和信息化部规定"自2021年1月1日至2022年12月31日，对购置的新能源汽车免征车辆购置税"。免征车辆购置税的新能源汽车是指纯电动汽车、插电式混合动力（含增程式）汽车、燃料电池汽车，具体车型可以通过工业和信息化部、税务总局发布的《免征车辆购置税的新能源汽车车型目录》查询。

（二）申报

车辆购置税实行一车一申报制度，但免税车辆转让或改变用途还需重新申报。纳税人办理纳税申报时应如实填写《车辆购置税纳税申报表》，同时提供纳税人身份证明、车辆价格证明、车辆合格证明以及税务机关要求提供的其他资料。

纳税人购置应税车辆，应当向车辆登记注册地的主管税务机关申报纳税，车辆登记注册地为车辆的上牌落籍地或落户地。购置不需办理车辆登记注册手续的应税车辆，应当向纳税人所在地的主管税务机关申报纳税。

纳税人购买自用的应税车辆，自购买之日起60日内申报纳税，购买之日为纳税人购车发票上注明的销售日期。进口自用的应税车辆，应当自进口之日起 60 日内申报纳税，进口之日为纳税人报关进口的当天。自产、受赠、获奖和以其他方式取得并自用的应税车辆，应当自取得之日起 60 日内申报纳税。

车辆购置税缴纳税款主要有自报核缴、集中征收缴纳以及代征、代扣、代收这三种方式。已缴纳车辆购置税的车辆，如果发生车辆退回生产企业或者经销商的，或者符合免税条件的设有固定装置的非运输车辆但已征税的，准予纳税人申请退税。

四、耕地占用税的会计核算与申报

耕地占用税是对占用耕地建房，或者从事其他非农业建设的单位和个人征收的税，这里的耕地，是指种植农作物的土地，包括菜地、园地，园地又包括花圃、苗圃、茶园、果园、桑园和其他种植经济林木的土地；占用鱼塘也视同占用耕地，需要依法征收耕地占用税；占用林地、牧草地、农田水利用地、养殖水面以及渔业水域滩涂等其他农用地建房或者从事非农业建设的，比照规定征收耕地占用税。

征税是为了合理利用土地资源，加强土地管理，保护农用耕地，所以对于从事农业建设的占用耕地不在耕地占用税的征税范围。

耕地占用税的征税范围包括纳税人占用耕地建设建筑物、构筑物或者从事非农业建设的国家所有和集体所有的耕地。

采用定额税率，其标准取决于人均占有耕地的数量和经济发展程度，是为了合理利用土地资源，加强土地管理，保护农用耕地。

（一）税率和计算

耕地占用税实行地区差别幅度定额税率，其标准取决于人均占有耕地的数量和经济发展程度，人均耕地面积越少的地区，单位税额也就越高。

在人均耕地低于 0.5 亩的地区，省、自治区、直辖市可以根据当地经济发展情况，适当提高耕地占用税的适用税额，但提高的部分不得超过税法规定适用税额的 50%。占用基本农田的，应当按照适用税额加按 150% 征收。

耕地占用税的计算公式如下：

> 应纳税额 = 实际占用耕地面积（平方米）× 适用税额

耕地占用税以纳税人实际占用的耕地面积为计税依据，以每平方米土地为计税单位，按照规定的适用税额标准计算应纳税额，我们通过案例来深入理解耕地占用税的计算。

案例　农户老李有一处占地面积 1 000 平方米的苗圃，2021 年 1 月将其中的 900 平方米改造为果园，其余 100 平方米建造自用住宅（在规定用地标准以内）。已知该地适用的耕地占用税定额税率为每平方米 25 元，计算该农户应缴纳的耕地占用税。

这里涉及一个耕地占用税的减免政策，农村居民在规定用地标准以内占用耕地新建自用住宅，按照当地适用税额减半征收耕地占用税。

农户应缴纳的耕地占用税 =100×25×50%=1 250 元。

(二) 申报

耕地占用税实行预缴制度，用地单位或个人，在进行非农业建设申报用地前，必须落实耕地占用税的资金来源。审批用地时，土地管理部门根据用地计划及征收机关开具的预缴税款凭证、验资证明或免税证明，办理用地手续。征收机关依据土地管理部门批准的实际用地数，与纳税人办理纳税手续，对预缴的税款，实行多退少补。

耕地占用税的纳税义务发生时间为纳税人收到自然资源主管部门办理占用耕地手续的书面通知的当日。纳税人应当自纳税义务发生之日起

30日内申报缴纳耕地占用税。

纳税人因建设项目施工或者地质勘查临时占用耕地,应当依照规定缴纳耕地占用税。纳税人在批准临时占用耕地期满之日起1年内依法复垦,恢复种植条件的,全额退还已经缴纳的耕地占用税。

五、土地增值税的会计核算与申报

土地增值税是指转让国有土地使用权、地上的建筑物及其附着物并取得收入的单位和个人,以转让所取得的收入包括货币收入、实物收入和其他收入减去法定扣除项目金额后的增值额为计税依据向国家缴纳的一种税,不包括以继承、赠与方式无偿转让房地产的行为。

土地增值税的基本征税范围包括转让国有土地使用权、地上建筑物及其附着物连同国有土地使用权一并转让、存量房地产买卖。对于抵押期满以房地产抵债、单位之间交换房地产和合作建房建成后转让等,虽然形式上并不在上述三个范围内,但交易实质上发生了权属转让或者有实物形态收入,也应当计征土地增值税。

对于房地产继承、赠与、出租、抵押等情况,以及房地产的代建房行为、房地产评估增值,在实质上并没有改变权属或者获得收入,所以不计征土地增值税。

需要注意的是,土地增值税的纳税人是转让方,这点和增值税相同,和契税不同,契税是受让方需要缴纳的税款。我们通过对增值税的学习了解到,增值税是一种链条税,每一环节都对增值的部分进行缴税;而土地增值税比增值税多了两个字,其内涵是对土地增值的部分缴税,这一点也体现在计算缴纳上,用扣除一些项目的余额作为税基进行计算。

(一)税率

土地增值税采用四级超率累进税率,税率见下表:

土地增值税四级超率累进税率表

级 数	增值额与扣除项目金额的比率	税率（%）	速算扣除系数（%）
1	增值额不超过扣除项目金额 50% 的部分	30	0
2	增值额超过扣除项目金额 50%～100% 的部分	40	5
3	增值额超过扣除项目金额 100%～200% 的部分	50	15
4	增值额超过扣除项目金额 200% 的部分	60	35

（二）应税收入

纳税人转让房地产取得的应税收入，包括转让房地产取得的全部价款及有关的经济收益，从形式上看包括货币收入、实物收入和其他收入，非货币收入要折合成货币金额计入收入总额。2016 年 5 月营业税改增值税后，土地增值税纳税人转让房地产取得的收入为不含增值税收入。适用增值税一般计税方法的纳税人，其转让房地产的土地增值税应税收入不含增值税销项税额；适用简易计税方法的纳税人，其转让房地产的土地增值税应税收入不含增值税应纳税额。

房地产开发企业在营业税改增值税后进行房地产开发项目土地增值税清算时，按以下方法确定应税收入：

土地增值税应税收入 = 营业税改增值税前转让房地产取得的收入 + 营业税改增值税后转让房地产取得的不含增值税收入

（三）扣除项目

可以扣除的项目如下：

1. 取得土地使用权所支付的金额

包括地价款和取得土地使用权时按国家规定缴纳的有关费用。

关于地价款列举三种情况：以出让方式取得土地使用权的地价款为土地出让金，以行政划拨方式取得土地使用权的地价款为补交的土地出让金，以转让方式取得土地使用权的地价款为实际支付的价款。

有关税费包括契税、登记、过户手续费等。

2. 房地产开发成本

包括土地征用及拆迁补偿费、土地征用费、耕地占用税等、前期工程费、建筑安装工程费、基础设施费、公共配套设施费、开发间接费用等。

3. 房地产开发费用

包括销售费用、管理费用、财务费用。

关于财务费用利息支出的扣除规定如下：

（1）纳税人能够按转让房地产项目计算分摊利息支出，并且能提供金融机构贷款证明，可扣除费用＝利息＋（取得土地使用权所支付的金额＋房地产开发成本）×5%以内；

（2）纳税人不能按转让房地产项目计算分摊利息支出，或不能提供金融机构贷款证明，可扣除费用＝（取得土地使用权所支付的金额＋房地产开发成本）×10%以内；

（3）房地产开发企业既向金融机构借款，又有其他借款的，其房地产开发费用计算扣除时不能同时适用上述两种办法。

4. 与转让房地产有关的税金

包括转让房地产时缴纳的城市建设维护税、印花税、教育费附加。

如果是房地产开发企业，可扣除缴纳的城市建设维护税和教育费附加；如果是其他行业的纳税人，可扣除缴纳的印花税、城市建设维护税、教育费附加。

5. 财政部规定的其他扣除项目

从事房地产开发的纳税人加计扣除＝（取得土地使用权所支付的金额＋房地产开发成本）×20%。

6. 旧房及建筑物的评估价格

纳税人转让旧房，应按房屋及建筑物的评估价格、取得土地使用权所支付的地价款和按国家统一规定缴纳的有关费用以及在转让环节缴纳的税金（不含增值税），作为扣除项目金额计征土地增值税。

评估价格＝重置成本价 × 成新度折扣率

（四）计算

土地增值税的计算不同于普通的从价定率或者从量定额，计税依据要通过收入减去扣除计算增值额，税率为四级超率累进税率，计算过程比较复杂。

计算步骤如下：

第一步，计算转让房地产取得的收入 A；

第二步，计算扣除项目金额 B；

第三步，计算增值额 C＝A–B；

第四步，计算增值额 C 占扣除项目金额 B 的比例，确定适用税率；

第五步，土地增值税＝增值额 C×适用税率－扣除项目金额 B×扣除系数。

看到这些步骤，有的读者可能还是一头雾水，我们通过两个案例，介绍实际工作中是如何计算土地增值税的。

甲企业为房地产开发企业，2017 年 1 月以 20 000 万元拍得一宗土地使用权，并缴纳了契税，当地契税税率 5%。2017 年 10 月起，对受让土地的 40% 进行普通住宅开发，开发期间发生开发成本 8 000 万元，利息支出 800 万元，相关税金及附加 160 万元，利息支出不能提供金融机构的证明，当地有关部门规定的房地产开发费用的计算扣除比例为 10%。2021 年 4 月，该住宅项目已经全部销售完毕，取得不含税收入 28 000 万元，甲企业已预缴土地增值税 600 万元。甲企业对该住宅项目进行土地增值税清算，计算甲企业应当补缴（或应退）的土地增值税。

第一步：转让房地产取得的收入 =28 000 万元。

本步骤需要注意收入额是否包含增值税，如果是含税收入，应当剔除增值税。

第二步：分别计算扣除项目。

土地使用权所支付金额 =20 000×（1+5%）×40%=8 400 万元；

开发成本 =8 000 万元；

开发费用 =（8 400+8 000）×10%=1 640 万元；

税金 =160 万元；

加计扣除 =（8 400+8 000）×20%=3 280 万元；

允许扣除的项目合计 =8 400+8 000+1 640+160+3 280=21 480 万元。

本步骤需要注意，利息支出是否有金融机构的证明，计算开发费用的公式不同。如果案例中利息支出能够提供金融机构的证明，开发费用的扣除就应当为利息加上地价和开发成本的 5% 以内。

第三步：增值额 =28 000-21 480=6 520 万元。

第四步：增值额占扣除项目金额的比例 =6 520÷21 480×100%=30.35%。

查询四级超率累进税率表可知，使用税率为 30%。

第五步：土地增值税 =6 520×30%-21 480×0=1 956 万元。

本步骤需要注意，四级超率累进税率表的内容包括税率和速算扣除系数，虽然案例对应的是速算扣除系数为 0 的那一级，计算过程中仍然写出来，方便读者学会计算其他级别所对应的税额。

由于甲企业已经预缴了 600 万元，应补缴的土地增值税 =1 956-600=1 356 万元。

（五）申报

纳税人应在合同签订后 7 日内向房地产所在地主管税务机关申报纳税，并向税务机关提供相关合同资料。

因为《国家税务总局关于简并税费申报有关事项的公告》的发布，从 2021 年 6 月 1 日起，土地增值税的申报有变，纳税人要根据相关政策正确填写申报。

六、印花税的纳税筹划

在 2018 年 11 月，财政部起草了《中华人民共和国印花税法（草案）》，并向社会公开征求意见；2021年1月，国务院常务会议上通过《中华人民共和国印花税法（草案）》；2021年6月10日，第十三届全国人民代表大会常务委员会第二十九次会议通过《中华人民共和国印花税法》，自2022年7月1日起施行。

《中华人民共和国印花税法》第九条规定，同一应税凭证载有两个以上税目事项并分别列明金额的，按照各自适用的税目税率分别计算应纳税额；未分别列明金额的，从高适用税率。

纳税人可以根据这一条款来进行纳税筹划，当纳税人的一份合同涉及多个经济业务时，最好分别记载金额，这样在计算印花税时，就能够按照每一项合同适用的税目税率去计算应纳税额，从而减轻纳税人所承担的税务负担。

《印花税法》第十二条还规定了八种免征印花税的情形：

（一）应税凭证的副本或者抄本；

（二）依照法律规定应当予以免税的外国驻华使馆、领事馆和国际组织驻华代表机构为获得馆舍书立的应税凭证；

（三）中国人民解放军、中国人民武装警察部队书立的应税凭证；

（四）农民、家庭农场、农民专业合作社、农村集体经济组织、村民委员会购买农业生产资料或者销售农产品书立的买卖合同和农业保险合同；

（五）无息或者贴息借款合同、国际金融组织向中国提供优惠贷款书立的借款合同；

（六）财产所有权人将财产赠与政府、学校、社会福利机构、慈善组织书立的产权转移书据；

（七）非营利性医疗卫生机构采购药品或者卫生材料书立的买卖合同；

（八）个人与电子商务经营者订立的电子订单。

根据国民经济和社会发展的需要，国务院对居民住房需求保障、企业改制重组、破产、支持小型微型企业发展等情形可以规定减征或者免征印花税，报全国人民代表大会常务委员会备案。

印花税纳税人在进行税务筹划时，要注意《中华人民共和国印花税法》的相关内容，然后根据税法进行纳税筹划。

第四节　资源类税的会计核算

一、烟叶税的会计核算与申报

烟叶税是以纳税人收购烟叶的收购金额为计税依据征收的一种税，这里的烟叶，是指晾晒烟叶、烤烟叶。

（一）税率和计算

烟叶税的应纳税额按照纳税人收购烟叶的收购金额和规定的税率计算，实行比例税率，税率为20%，由地方税务机关征收。

计算公式如下：

> 应纳税额 = 实际支付价款总额 × 税率
> 实际支付价款总额 = 收购价款 ×（1 + 10%）

纳税人收购烟叶实际支付的价款总额包括纳税人支付给烟叶生产销售单位和个人的烟叶收购价款和价外补贴，其中价外补贴统一按照烟叶收购价款的10%计算。

某烟草公司10月支付烟叶收购价款100万元，又向烟农支付了价外补贴15万元，计算甲烟草公司应缴纳的烟叶税。

应该缴纳的烟叶税 =100×（1+10%）× 20%=22 万元。

这里需要注意，不管纳税人收购烟叶时支付的价外补贴是多少，在计算应缴纳的烟叶税时，其价外补贴都统一按烟叶收购价款的10%来计算，所以该纳税人虽然实际给烟农支付了15万元的价外补贴，但是计算应纳烟叶税时还是按照烟叶收购价的10%计算。

（二）申报

烟叶税的纳税义务发生时间为纳税人收购烟叶的当日，应当向烟叶收购地的主管税务机关申报缴纳烟叶税。

自2018年7月1日起《中华人民共和国烟叶税法》实施之日起，烟叶税按月计征，纳税人应当于纳税义务发生月终了之日起15日内申报并缴纳税款。填写申报表时，纳税人要注意从2021年3月1日起，需要填写的申报表有变化，要按照新的申报表填写。

二、资源税的会计核算与申报

资源税是对自然资源征税税种的总称。在中华人民共和国领域和中华人民共和国管辖的其他海域开发应税资源的单位和个人，为资源税的纳税人。注意资源税只对属于我国"领域"或"管辖"的资源征税，对于进口的资源不征税，因为进口的资源并非我国资源。

> 政策提示：
> 2019年《中华人民共和国资源税法》正式通过，并于2020年9月1日起正式施行，1993年颁布的《中华人民共和国资源税暂行条例》同时废止。

（一）税目和税率

2020年9月1日起实施的最新资源税税目税率见下表：

2020 年 9 月 1 日实施的资源税税目税率表

税 目			征税对象	税 率
能源矿产	原油		原矿	6%
	天然气、页岩气、天然气水合物		原矿	6%
	煤		原矿或者选矿	2%～10%
	煤成（层）气		原矿	1%～2%
	铀、钍		原矿	4%
	油页岩、油砂、天然沥青、石煤		原矿或者选矿	1%～4%
	地热		原矿	1%～20% 或每立方米 1～30 元
金属矿产	黑色金属	铁、锰、铬、钒、钛	原矿或选矿	1%～9%
	有色金属	铜、铅、锌、锡、镍、锑、镁、钴、铋、汞	原矿或选矿	2%～10%
		铝土矿	原矿或选矿	2%～9%
		钨	选矿	6.5%
		钼	选矿	8%
		金、银	原矿或选矿	2%～6%
		铂、钯、钌、铑、锇、铱	原矿或选矿	5%～10%
		轻稀土	选矿	7%～12%
		中重稀土	选矿	20%
		铍、锂、锆、锶、铷、铌、钽、锗、镓、铟、铊、铪、铼、镉、硒、碲	原矿或选矿	2%～10%
非金属矿产	矿物类	石灰岩	原矿或选矿	1%～6%
		高岭土	原矿或选矿	1%～6% 或每吨（或每立方米）1～10 元
		磷	原矿或选矿	3%～8%
		石墨	原矿或选矿	3%～12%
	矿物类	萤石、硫铁矿、自然硫	原矿或选矿	1%～8%
		天然石英砂、脉石英、粉石英、水晶、工业用金刚石、蓝晶石等	原矿或选矿	1%～12%
		叶蜡石、硅灰石、透辉石、珍珠岩、云母、沸石、重晶石、毒重石、方解石、蛭石、石膏等	原矿或选矿	2%～12%
		其他黏土	原矿或选矿	1%～5% 或每吨（或每立方米）0.1～5 元

续上表

税　目		征税对象	税　率
非金属矿产	岩石类	大理岩、花岗岩、白云岩、石英岩、砂岩、辉绿岩、安山岩、闪长岩、板岩、玄武岩、片麻岩、角闪岩、页岩、浮石、凝灰岩等	原矿或选矿	1%～10%
		砂石　　　　原矿或选矿		1%～5%或每吨（或每立方米）0.1～5元
	宝玉石类	宝石、玉石、宝石级金刚石、玛瑙、黄玉、碧玺	原矿或选矿	4%～20%
水气矿产	二氧化碳、硫化氢气、氮气、氦气		原矿	2%～5%
	矿泉水		原矿	1%～20%或每立方米1～30元
盐	钠盐、钾盐、镁盐、锂盐		选矿	3%～15%
	天然卤水		原矿	3%～15%或每吨（或每立方米）1～10元

（二）计算

资源税的计算方式有从价计征或从量计征两种方式，计算公式如下：

> 从价计征应纳税额＝应税资源产品的销售额 × 适用税率
>
> 从量计征应纳税额＝应税产品的销售数量 × 适用税率

注意：这里应税资源产品（简称应税产品）为矿产品的，包括原矿和选矿产品。

1. 从价定率计算

从价定率计算资源税公式中应税产品的销售额，按照纳税人销售应税产品向购买方收取的全部价款确定，不包括增值税。对于已经计入销售额中的相关运杂费用，如果取得增值税发票或者其他合法有效凭据，可以从销售额中扣除。

2. 从量定额计算

从量定额计算中关键是应税产品销售数量的确认，其销售数量包括纳税人开采或者生产应税产品的实际销售数量和自用于应当缴纳资源税情形的应税产品数量。

如果纳税人外购应税产品与自采应税产品混合销售或者混合加工为应税产品销售的，在计算应税销售额或销售数量时，准予扣减外购应税产品的购入金额或购入数量；如果当期没有扣减完，可以结转到下一期继续扣减。

如果纳税人将开采或生产的应税产品用于自用，应视同销售，也需要缴纳资源税；如果是自用于连续生产应税产品，则不需要缴纳资源税。

对于纳税人开采或生产不同税目的应税产品，纳税人应分别核算其应纳税额；如果不能准确提供其应税产品的销售额或销售数量，则从高适用税率。

> **政策提示：**
>
> 自2018年4月1日至2023年12月31日，对页岩气资源税减征30%；
>
> 自2019年1月1日至2023年12月31日，对增值税小规模纳税人可以在50%的税额幅度内减征资源税；
>
> 自2014年12月1日至2023年8月31日，对充填开采置换出来的煤炭，资源税减征50%。

甲油田企业为增值税一般纳税人，2021年2月销售自产原油950吨，取得含税收入2 252万元，同时向购买方收取赔偿金5万元，储备费3万元。原油资源税税率6%，计算甲企业当月应缴纳多少资源税？

计算资源税的依据是不含增值税的，读者读到这里会发现，所有税种的计税依据都不含增值税，所以我们先对其进行价税分离：

计税依据销售额=（2 252+5+3）÷（1+13%）=2 000万元；

原油从价定率征收资源税，应缴纳的资源税用销售额乘上税率即可：

应缴纳资源税=2 000×6%=120万元。

乙煤矿企业 2021 年 2 月发生经营业务如下：

（1）销售自采原煤，取得不含税收入 600 万元；

（2）用自采未税原煤连续加工成洗选煤 1 000 吨，销售 600 吨，每吨售价 0.1 万元；

（3）将 100 吨洗选煤等价换取丙企业的服务。

已知煤炭资源税税率 8%，计算资源税时洗选煤折算率 90%，计算乙企业当月应缴纳多少资源税？

案例中第一项销售自采原煤的资源税 =600×8%=48 万元。

案例中第二项涉及煤炭资源税的规定：纳税人将其开采的原煤加工为洗选煤销售的，以洗选煤销售额乘以折算率，作为应税煤炭销售额计算缴纳资源税。

本项应纳资源税 =600×0.1×90%×8%=4.32 万元。

案例中第三项属于将自产自用产品用于非生产项目，视同销售缴纳资源税。

本项应纳资源税 =100×0.1×90%×8%=0.72 万元。

乙企业当月应缴纳资源税 =48+4.32+0.72=53.04 万元。

煤炭资源税计算之所以有这样的规定，是因为洗选煤是原煤经过洗选加工，清除大部分杂质与矸石的煤，它的售价高于原煤，所以需要折算成对应原煤的销售价，保持计税依据的合理性。有些读者可能觉得税法的政策繁多细碎，不同税种计算方法不同，同一税种不同项目计算方法也不同，其实仔细推敲就会发现，每一项规定都体现了该税种的定义，即国家设置该税种的目的。政策旨在使纳税人不少缴一分税，不该征税的情形也不多缴纳一分税。

（三）申报

1. 纳税义务发生时间

纳税义务发生时间为收讫销售款或者取得索取销售款凭据的当日；对

于自用的应税产品,其纳税义务发生时间为移送应税产品的当日。

2. 纳税期限

纳税人如果按月或按季申报纳税的,应在自月度或者季度终了之日起15日内,向税务机关申报并缴纳税款;如果是按次申报缴纳的,应在纳税义务发生之日起15日内,向税务机关申报并缴纳税款。

3. 纳税地点

纳税人应当向应税产品开采地或者生产地的税务机关申报缴纳资源税;扣缴义务人代扣代缴的资源税,应当向收购地缴纳。

4. 纳税申报

从2021年6月1日起,资源税纳税人需要申报《财产和行为税纳税申报表》。

三、城镇土地使用税的会计核算与申报

城镇土地使用税是指国家在城市、县城、建制镇、工矿区范围内,对使用土地的单位和个人,以其实际占用的土地面积为计税依据,按照规定的税额计算征收的一种税。

请读者们回顾一下房产税的定义,房产税是对城市、县城、建制镇和工矿区范围内的房产进行征税的一种税。两者的规定很类似,那为什么城镇土地使用税不是财产税呢?这是我国的土地政策使然,我国城镇土地属于国有所有权,不是属于任何单位和个人的财产,单位和个人对土地只有使用权,没有所有权,因此城镇土地使用税属于资源税。

拥有土地使用权的单位和个人,为城镇土地使用税的纳税义务人。如果拥有土地使用权而不在土地所在地的,实际使用人和代管人为纳税人。如果土地使用权未确定或存在未解决的权属纠纷,实际使用人为纳税人。土地使用权共有的,以各方实际使用土地的面积占总面积的比例,由共有各方分别纳税。

（一）税率

城镇土地使用税采用定额税率，具体税率见下表：

城镇土地使用税税率表

级　　别	每平方米年税额（元）
大城市	1.5～30
中等城市	1.2～24
小城市	0.9～18
县城、建制镇、工矿区	0.6～12

在经济落后地区，土地使用税的适用税额标准可适当降低，但降低额不得超过规定最低税额的30%；而经济发达地区，经财政部批准后，可以适当提高适用的税额标准，体现了城镇土地使用税征收的灵活性。

（二）计算

城镇土地使用税的计算比较简单，以实际占用面积乘以适用税额即可，具体公式如下：

> 年应纳税额＝实际占用土地面积（平方米）× 适用税额

城镇土地使用税的纳税依据为实际占用土地的面积，对于计税依据的确认，具体政策规定如下：

（1）如果使用的土地已经由指定单位组织测定的，以测定的面积作为计税依据，这里的指定单位为省、自治区、直辖市人民政府确定的单位。

（2）如果并没有指定单位组织测量，但纳税人持有政府部门核发的土地使用证书的，则证书确认的土地面积为计税依据。

（3）如果没有政府核发的土地使用证书，纳税人应当自行申报土地面积，待核发土地使用证以后再做调整。

（三）申报

城镇土地使用税按年计算，分期缴纳，纳税义务发生时间根据适用情形不同有不同规定，具体规定如下：

（1）购置新建商品房，在房屋交付使用的次月起征税。

（2）购置存量房，在办理房屋权属转移、变更登记手续，房地产权属登记机关签发房屋权属证书的次月起征税。

（3）出租、出借房产的，于交付出租、出借房产的次月起征税。

（4）以出让或转让方式有偿取得土地使用权的，应由受让方从合同约定交付土地时间的次月起缴纳城镇土地使用税。合同未约定交付土地时间的，由受让方从合同签订的次月起缴纳城镇土地使用税。

（5）新征用的耕地，在批准征用之日起满一年时征税。

（6）新征用的非耕地，在批准征用次月起征税。

（7）因土地的权利状态发生变化而依法终止城镇土地使用税纳税义务的，其纳税义务应截止到土地的权利状态发生变化的当月末。

城镇土地使用税的纳税地点为土地所在地，由土地所在地的税务机关负责征收。纳税人使用的土地不属于同一省、自治区、直辖市管辖的，由纳税人分别向土地所在地的税务机关缴纳土地使用税；在同一省、自治区、直辖市管辖范围内，纳税人跨地区使用的土地，其纳税地点由各省、自治区、直辖市税务局确定。

纳税人核查企业土地使用证标示的土地面积和实际占用的土地面积，在此基础上核查土地实际所处的类区和用途，以确定征税土地面积的数量和适用的单位税额，据实填写《城镇土地使用税纳税申报表》，并申报纳税。

四、资源税和城镇土地使用税的纳税筹划

（一）资源税的纳税筹划

资源税的纳税筹划，主要需要围绕相关政策的税收优惠，以及应纳

税额计算的特殊规定来进行。

1. 利用分开核算应税产品来进行税务筹划

《资源税征收管理规程》中规定，纳税人开采或者生产不同税目应税产品的，应当分别核算其销售额或者销售数量；如果没有分别核算或者不能准确提供不同税目应税产品的销售额或者销售数量的，从高适用税率。所以纳税人在计算资源税时，要准确核算各类项目，并将不同税目的产品分开，否则就会缴纳更多的税款。如果企业能正确核算就能够避免多缴税款，也能够达到纳税筹划的目的，正确核算税款只是纳税筹划最基本的环节。

2. 利用税收优惠政策进行纳税筹划

在资源税纳税筹划中，利用相关税收优惠政策来进行税务筹划，可以帮助企业获得更大的经济效益。在一些特殊资源的资源税征收上，相关政策给予了明确说明。

2020 年至 2022 年期间，财政部、税务总局先后发布了多条关于继续执行的资源税优惠政策的公告，其中规定：

（1）对青藏铁路公司及其所属单位运营期间自采自用的砂、石等材料免征资源税，具体操作按《财政部 国家税务总局关于青藏铁路公司运营期间有关税收等政策问题的通知》(财税〔2007〕11 号）第三条规定执行。

（2）自 2019 年 1 月 1 日至 2023 年 12 月 31 日，对增值税小规模纳税人可以在 50% 的税额幅度内减征资源税，具体操作按《财政部 税务总局关于实施小微企业普惠性税收减免政策的通知》(财税〔2019〕13 号）有关规定执行。

（3）从 2014 年 12 月 1 日至 2023 年 8 月 31 日，对充填开采置换出来的煤炭，资源税减征 50%。

资源税纳税人，应随时关注相关法律法规，如果有适合自己企业的优惠政策，可以好好利用以帮助企业少缴税款。

（二）城镇土地使用税的纳税筹划

城镇土地使用税采用有幅度的差别税额，按大、中、小城市和县城、建制镇、工矿区不同采用不同的年应纳税额，如果企业在小城市或县城则可少缴纳城镇土地使用税。

城镇土地使用税在确定具体税额时，因为各地的经济发展程度不同，所以税额幅度也不同，具体税额幅度由各省、自治区、直辖市人民政府决定，只需要保证在固定的税额幅度之内就行。

筹划城镇土地使用税时，主要从两个方面着手：一方面是利用土地级别的不同来进行纳税筹划；另一方面是通过相关税收减免政策来进行税收筹划。

1. 利用土地级别不同进行纳税筹划

城镇土地使用税采用定额税率，主要是以大、中、小城市和县城、建制镇、工矿区来划分，不同标准的土地每平方米每年需要缴纳的土地使用税税额也是各不相同的，如果企业落户在税额较低地区则会少缴纳城镇土地使用税。

2. 利用相关税收优惠政策进行纳税筹划

根据《中华人民共和国城镇土地使用税暂行条例》规定，一些土地在使用时可以免征城镇土地使用税，具体来说主要包括以下几种情况：

（1）国家机关、人民团体、军队自用的土地；

（2）由国家财政部门拨付事业经费的单位自用土地；

（3）宗教寺庙、公园、名胜古迹自用的土地；

（4）市政街道、广场、绿化地带等公共用地；

（5）直接用于农、林、牧、渔业的生产用地；

（6）经批准开山填海整治的土地和改造的废弃土地，从使用的月份起免缴土地使用税5年至10年；

（7）由财政部另行规定免税的能源、交通、水利设施用地和其他用地。

此外，2023年3月26日，财政部、税务总局联合发布《关于继续实施物流企业大宗商品仓储设施用地城镇土地使用税优惠政策的公告》（财政部 税务总局公告2023年第5号），公告规定：从2023年1月1日至2027年12月31日，对物流企业自有（包括自用和出租）或承租的大宗商品仓储设施用地，减按所属土地等级适用税额标准的50%计征城镇土地使用税。

城镇土地使用税的减免政策并不是一成不变的，政府会根据土地使用的具体情况，以及税收征管的具体需要而调整改变。因此，在利用税收优惠政策来进行纳税筹划时，一定要随时关注税收政策的变化，以免出现税收政策变化导致的税务筹划风险发生，在应用城镇土地使用税减免政策时，一定要以国家税务总局发布的最新政策法规为准。

第五节 其他税种的会计核算

一、关税的会计核算与申报

关税是指一国海关根据该国法律规定，对通过其关境的引进出口货物征收的一种税收。

> 政策提示：
> 　　从2021年1月1日开始，对883项商品实施低于最惠国税率的进口暂定税率，抗癌药原料、助听器、婴幼儿奶粉原料等跟百姓生活密切相关的商品均在其中。
> 　　2022年，国务院关税税则委员会按程序决定，自2022年5月1日至2023年3月31日，对煤炭实施税率为零的进口暂定税率。

（一）征税对象

关税的征税对象是准许进出境的货物和物品。这里的货物是指贸易性商品，即企业进出口业务所对应的标的；物品是指入境旅客随身携带的行李物品、个人邮递物品、各种运输工具上的服务人员携带进口的自用物品、馈赠物品以及其他方式进境的个人物品。

（二）纳税义务人

关税的纳税人是准许进口货物的收货人、准许出口货物的发货人，以及准许进出境物品的所有人。进口货物及进境物品需要缴纳进口关税，出口货物及出境物品需要缴纳出口关税。

（三）计算

关税税款的计算有好几种方法，具体如下：

1. 从价

从价税是以进出口货物的价格为标准来计征关税的，需注意这里的价格不是成交价而是进出口商品的完税价格（完税价格=成交价格+运费+保险费+其他费用），其计算公式如下：

应纳税额=应税进出口货物数量×单位完税价格×适用税率

某公司向瑞士购进某品牌轿车，成交价格合计为瑞士离岸价格59 000美元，支付运费4 000美元，保费1 000美元，海关填发税款缴纳书当天的外汇中间价是1美元=6.775 2元人民币，适用税率是25%，则该企业应该缴纳的进口关税为：

完税价格=59 000+4 000+1 000=64 000美元；

将外币折算成人民币=64 000×6.775 2=433 612.8元；

应纳税额=433 612.8×25%=108 403.2元。

2. 从量

从量关税是按照商品的数量、重量、容量、长度和面积等计量单位为标准来征收关税的（如果计量单位与计税单位不同，应该换算成计税单位），其计算公式如下：

应纳税额 = 应税进口货物数量 × 关税单位税额

3. 复合

复合税也叫混合税，是对进口商品既征从量关税又征从价关税的一种办法，不过通常以从量为主，再加征从价税，其计算公式如下：

应纳税额 = 应税进口货物数量 × 关税单位税额 + 应税进口货物数量 × 单位完税价格 × 适用税率

（1）滑准

滑准税是一种变化的税，其关税的税率随着进口商品价格的变动而反方向变动，也就是说价格越高，税率则越低，实行滑准税率的进口货物应纳关税税额的计算方法与从价计税的计算方法一样。

（2）特别关税

特别关税是为了应对个别国家或地区对我国出口货物的歧视而设置的，如果有国家或地区对进口原产于我国的货物征收歧视性关税或者给予其他歧视性待遇，那么我国海关可以对原产于该国或者地区的进口货物征收特别关税。

特别关税的类型有报复性关税、反倾销税与反补贴税、保障性关税，其计算公式分别如下：

特别关税 = 关税完税价格 × 特别关税税率

进口环节消费税 = 进口环节消费税完税价格 × 进口环节消费税税率

进口环节消费税完税价格 =（关税完税价格 + 关税 + 特别关税）/（1 - 进口环节消费税税率）

进口环节增值税 = 进口环节增值税完税价格 × 进口环节增值税税率

进口环节增值税完税价格 = 关税完税价格 + 关税 + 特别关税 + 进口环节消费税

（四）征收管理

按照相关规定,关税应当在按照进出口货物通关规定向海关申报之后、海关放行之前一次性缴纳。由进出口货物的收发货人或者他们的代理人,在海关填发税收缴款书之日起 15 日之内,向指定银行缴纳税款,然后由海关办理结关放行手续。

逾期缴纳的,除了追缴应纳税款之外,海关还按规定征收关税滞纳金,滞纳金每天按关税税款的 5‰ 征收,周末或法定节假日不予扣除,具体计算公式为:

关税滞纳金金额 = 滞纳关税税额 × 5‰ × 滞纳天数

（五）优惠政策

（1）从 2021 年 1 月 1 日至 2030 年 12 月 31 日,对新型显示器件（即薄膜晶体管液晶显示器件、有源矩阵有机发光二极管显示器件、Micro-LED 显示器件,下同）生产企业进口国内不能生产或性能不能满足需求的自用生产性（含研发用,下同）原材料、消耗品和净化室配套系统、生产设备（包括进口设备和国产设备）零配件,对新型显示产业的关键原材料、零配件（即靶材、光刻胶、掩模版、偏光片、彩色滤光膜）生产企业进口国内不能生产或性能不能满足需求的自用生产性原材料、消耗品,免征进口关税。

（2）自 2021 年 1 月 1 日至 2030 年 12 月 31 日,对卫生健康委委托进口的抗艾滋病病毒药物,免征进口关税和进口环节增值税。

（3）自 2021 年 5 月 1 日起,取消部分钢铁产品出口退税,其中,对生铁、粗钢、再生钢铁原料、铬铁等产品实行零进口暂定税率;适当提高硅铁、铬铁、高纯生铁等产品的出口关税,调整后分别实行 25% 出口税率、20% 出口暂定税率、15% 出口暂定税率。具体执行时间,以出口货物报关单上注明的出口日期界定。具体产品清单见相关文件。

二、环境保护税的会计核算与申报

为了保护和改善环境,减少污染物排放,推进生态文明建设,我国制定了《中华人民共和国环境保护税法》,并根据该法制定了《中华人民共和国环境保护税法实施条例》,二者于 2018 年 1 月 1 日正式施行。

(一)纳税人

在中国领域和管辖的其他海域,直接向环境排放应税污染物的企业事业单位和其他生产经营者。

(二)征税对象

环境保护税的征税对象是依据税法所附《环境保护税目税额表》《应税污染物和当量值表》规定的大气污染物、水污染物、固体废物和噪声。

(三)税目税额

环境保护税税目税额见下表:

环境保护税税目税额表

税目		计税单位	税额
大气污染物		每污染当量	1.2～12 元
水污染物		每污染当量	1.4～14 元
固体废物	煤矸石	每吨	5 元
	尾矿	每吨	15 元
	危险废物	每吨	1 000 元
	冶炼渣、粉煤灰、炉渣、其他固体废物(含半固态、液态废物)	每吨	25 元
噪声	工业噪声	超标 1～3 分贝	每月 350 元
		超标 4～6 分贝	每月 700 元
		超标 7～9 分贝	每月 1 400 元
		超标 10～12 分贝	每月 2 800 元
		超标 13～15 分贝	每月 5 600 元
		超标 16 分贝以上	每月 11 200 元

（四）计算

环境保护税中的应税污染物的计税依据，将根据下列方法计算：

（1）应税大气污染物按照污染物排放量折合的污染当量数确定，其中，污染当量数 = 该污染物的排放量 ÷ 该污染物的污染当量值。

（2）应税水污染物按照污染物排放量折合的污染当量数确定，其中，污染当量数 = 该污染物的排放量 ÷ 该污染物的污染当量值。

（3）应税固体废物按照固体废物的排放量确定，其中，固体废物的排放量 = 当期固体废物的产生量 − 当期固体废物的综合利用量 − 当期固体废物的贮存量 − 当期固体废物的处置量。

（4）应税噪声按照超过国家规定标准的分贝数确定。

应税大气污染物、水污染物的污染当量数，以该污染物的排放量除以该污染物的污染当量值计算。每种应税大气污染物、水污染物的具体污染当量值，应该按照《中华人民共和国环境保护税法》所附的《应税污染物和当量值表》去执行。

对于应税污染物排放值的计算，《中华人民共和国环境保护税法》规定应税大气污染物、水污染物、固体废物的排放量和噪声的分贝数，应按照下面的方法和顺序计算：

（1）纳税人安装使用符合国家规定和监测规范的污染物自动监测设备的，按照污染物自动监测数据计算；

（2）纳税人未安装使用污染物自动监测设备的，按照监测机构出具的符合国家有关规定和监测规范的监测数据计算；

（3）因排放污染物种类多等原因不具备监测条件的，按照国务院环境保护主管部门规定的排污系数、物料衡算方法计算；

（4）不能按照本条第一项至第三项规定的方法计算的，按照省、自治区、直辖市人民政府环境保护主管部门规定的抽样测算的方法核定计算。

环境保护税应纳税额的计算方法如下：

（1）应税大气污染物的应纳税额为污染当量数乘以具体适用税额；

（2）应税水污染物的应纳税额为污染当量数乘以具体适用税额；

（3）应税固体废物的应纳税额为固体废物排放量乘以具体适用税额；

（4）应税噪声的应纳税额为超过国家规定标准的分贝数对应的具体适用税额。

某企业 2021 年 2 月份产生尾矿 300 吨，该企业在符合国家和地方环境保护标准的设施中贮存了 50 吨，那么该企业 7 月尾矿应缴纳的环境保护税的应纳税额＝（300-50）×15 = 3 750 元。

（五）申报

纳税人排放应税污染物的当日为纳税义务发生时间，应税污染排放地为纳税地点。如果按月计算环境保护税的，按季申报缴纳，应当自季度终了之日起 15 日内办理纳税申报并缴纳税款。不能按固定期限计算缴纳的，可以按次申报缴纳，应当自纳税义务发生之日起 15 日内，办理纳税申报并缴纳税款。

税务机关发现纳税人的纳税申报数据资料异常或者纳税人未按照规定期限办理纳税申报的，可以提请环境保护主管部门进行复核。环境保护主管部门应当自收到税务机关的数据资料之日起 15 日内向税务机关出具复核意见。税务机关应当按照环境保护主管部门复核的数据资料调整纳税人的应纳税额。

（六）新政策

2021 年 4 月，生态环境部、财政部、税务总局联合发布了《关于发布计算环境保护税应税污染物排放量的排污系数和物料衡算方法的公告》，公告规定：

（1）属于排污许可管理的排污单位，适用生态环境部发布的排污许可证申请与核发技术规范中规定的排（产）污系数、物料衡算方法计算应税污染物排放量；排污许可证申请与核发技术规范未规定相关排（产）污系数的，适用生态环境部发布的排放源统计调查制度规定的排（产）污系数方法计算应税污染物排放量。

（2）不属于排污许可管理的排污单位，适用生态环境部发布的排放源统计调查制度规定的排（产）污系数方法计算应税污染物排放量。

（3）上述情形中仍无相关计算方法的，由各省、自治区、直辖市生态环境主管部门结合本地实际情况，科学合理制定抽样测算方法。

该规定从 2021 年 5 月 1 日起施行，同时《关于发布计算污染物排放量的排污系数和物料衡算方法的公告》（原环境保护部公告 2017 年第 81 号）同时废止。《财政部　税务总局　生态环境部关于环境保护税有关问题的通知》（财税〔2018〕23 号）第一条第二款同时改按上述公告规定执行。

企业可根据修订后新的系数和方法计算应税污染物排放量，不要再按照旧的系数和方法去计算了。

三、关税的纳税筹划

从事进出口贸易的企业，大多需要缴纳关税。对从事国际贸易的企业来说，缴纳关税的多少对其利润的影响很大，所以企业要在进出口过程中，通过一些合理的关税税收筹划技巧，降低税负，从而增加企业的利润。

因为关税多少跟计税价格和税率有关，所以关税的税务筹划主要从计税价格和关税税率两方面入手，主要有以下几种：

1. 降低完税价格

根据关税的计算公式可知关税完税价格的高低影响关税的高低，如果企业在进口环节适当降低完税价格，就能少缴关税。

我们知道，关税的完税价格不仅包括货物的价格，还包括一些运费、杂费、佣金等费用，如果能降低这些费用，也能降低完税价格，从而降低关税，也就是说，进货时如果选择佣金少的渠道，或者定价更低的运输工具，就能降低完税价格，从而降低关税。

2. 保税政策

根据《中华人民共和国海关法》相关规定，保税制度主要是指经过海关批准的境内企业进口的货物，在海关部门的管控下，在境内指定场所储存、加工和装配，同时暂缓缴纳各种进口税费的一种海关业务监管制度，该制度规定的货物就是保税货物。

符合该制度的保税货物可以暂缓缴纳税费，这相当于给纳税人提供了一笔没有利息的贷款，纳税人获得了货币的时间价值，可以用其进行投资或扩大再生产，从而减轻纳税人的经济负担。

3. 关税优惠政策

纳税人需要缴纳的关税，除了跟关税完税价格有关外，还跟关税税率有关。国家为了鼓励进出口某些商品，会制定一些优惠政策，比如法定减免税、特定减免税和临时减免税等优惠政策，企业可及时查看相关优惠制度，随时调整自己的进出口货物，从而获得更多的利润。

企业还可以利用不同货品的不同关税税率来进行纳税筹划。一般来说，原材料和零部件的关税税率要低于半成品和成品的税率，据此，可以考虑进口原材料和零部件到境内加工生产，从而降低关税。

此外，不同国家之间有时还会达成最惠国待遇，签订协议的两国之间享有最惠国税率，这个税率不会高于当前或是将来来自第三国同类产品所享受的关税税率。对于进出口企业来说，如果最后组装的产品产地恰好是跟中国签订了最惠国关税协定的国家，那么需要缴纳的关税也会减少，从而达到纳税筹划的目的。

关税的纳税筹划方法并不少，纳税人要根据自身实际情况，选择适合自己的纳税筹划，注意对国家政策的正确把握和理解，不能没理解就贸然行动，如果对有些政策理解不透，就跟税务部门及时沟通。

第六章

企业税务风险防控及自查

第一节　企业税务风险防控

一、企业税务风险概述

企业在生产经营中，如果其纳税行为不符合国家税收的法律法规，出现应纳而未纳，或者少纳税，则会面临补税、罚款、加收滞纳金、刑罚处罚以及声誉损害等风险；如果企业在生产经营活动中，没有正确使用税法，该享受的优惠政策没有享受，则会多缴税款，增加企业的税收负担。

企业税务风险不仅会造成企业的经济损失，还会损害企业的信誉。如果企业发生税务风险，被媒体曝光，其社会形象就会一落千丈，甚至引发企业人员的变动；如果税务风险构成犯罪的，相关负责人还要承担刑事处罚，从而影响企业的长远发展。

从国家税务稽查机关的相关统计数据来看，我国很多企业都存在不同程度的税务风险问题。一些小企业，因为缺少相应的税务风险防控能力，从而出现税务风险；一些规模较大的企业，因为对税务风险防控的重要性认识不到位，也可能会出现一些涉税问题。

企业产生税务风险的原因很多，大体上可以分为外部宏观环境因素和内部生产经营因素两大类。

企业外部宏观环境因素主要包括经济形势和产业政策、法律法规和监管要求、税收法规和地方法规适用性等，其中最主要的风险就是税收法规的变化和税收行政执法的规范性。

目前，我国税收法规正处在不断立法、补充、修订中，一些旧的税收法规，因为不再适应当前经济发展的需要，而被废除。为了应对新的形式，国家相关部门每年都会对一些税收政策进行调整，如果企业在履行税务责任时，没有及时关注新政策，还是按照老政策进行纳税，就会给企业带来一些税务风险。

有一些企业在履行税务责任时，会利用相关税收政策进行纳税筹划，如果税收政策发生了变化，那么相应的筹划手段也就不再适用。如果企业没有及时调整，依然沿用旧有税收政策进行纳税筹划，就会产生税务风险。

按照我国税务行政管理体系，一家企业的涉税行为可能多个税务执法主体都有管理权，而且每一个税务执法主体对同一涉税行为的理解和处理也会有所不同，也跟税务主体相关执法人员的能力有一定关系，这些外部因素都会增加企业的税务风险。

企业内部的税务风险因素主要包括：相关负责人对税务风险的态度、企业的经营模式和业务流程、企业各部门间权责划分、企业税务风险管理机制、企业财务状况等。

根据以往企业出现税务风险的案例来看，企业管理者应加强对税务风险管理的意识，企业内部应该建立相应的税务风险防控机制，这样就会避免一些税务风险。

一些企业，因为财务人员能力不够，在纳税筹划过程中，因意识不到一些潜在风险，从而给企业带来税务风险；还有一些企业，不进行合理的纳税筹划，而是采取一些带有风险、有问题的行动去节税，这很容易给企业带来较大的涉税风险。

企业的税务风险潜藏在生产经营活动的每一个环节之中，只有每一个环节都重视起来，才能避免企业税务风险。企业最好根据自身经营的特点，建立健全的税务风险防控体系，这样才能从根源上解决税务风险问题。

二、企业税务风险的预防措施

企业税务风险产生的原因很多，造成的影响也是多种多样，预防企业税务风险要从多方面出发，具体措施如下：

1. 树立依法纳税的观念

企业管理者要将税务风险防控与企业战略发展结合起来，通过依法纳税来避免税务风险的发生。企业在发展过程中进行的收购、投资、融资等活动，都要注意其行为的合法性、合规性，避免出现税务违法的行为，以免为企业带来不必要的风险，只有这样企业才能健康长久地发展下去。

2. 提高风险防控意识

在具体税务问题上，虽然税务人员有专业的知识，但没有决策权。有些企业管理者因为对税收政策认识不到位，出于对利润的追逐，可能会做出一些错误决策，从而给企业带来风险。企业决策者在做决定前，应该提高风险防控意识，先了解清楚相关税收政策，然后根据企业的税收情况，再做决定，这样才能避免企业税务风险。

3. 建立企业内控制度

企业只有建立完善的内控制度，才能避免企业税务风险。企业税务内控制度主要包括税务会计核算、税款计算、纳税申报、税款缴纳和发票管理等具体工作，同时还需要第三方的独立检查和内部审计。有条件的企业应设立专门的部门，让专职的人员来处理企业的税务相关问题，这样能更好地规范税务行为，避免税务风险。设立专门部门的企业应建立完善的风险责任追究机制，只有这样才能将税务管理部门的职责和权限落到实处。企业还应对税务管理过程中出现的问题进行及时调整，并及时填补税务管理制度上存在的漏洞，将企业税务内控制度完善起来。

4. 关注税收政策变化

不管是企业管理者，还是企业税务相关人员，都应该时刻关注国家税收政策的变化，一旦出现跟自己企业相关的新政策，就要根据新政策进行税务活动。

5. 跟税务部门及时沟通

虽然现在国家税收新政从网站上都能随时查到，但是为了保证对新政的正确理解，企业税务人员要及时跟税收征管部门保持联系，听听他们对新政的理解，确保自己理解的正确性，以免在具体实施中因错误解读而使企业承担税务风险。

为了避免税务风险，企业在纳税义务发生前，应该对生产、经营全过程进行严格、详细审核，以确保企业税务活动的零风险。

第二节　企业税务问题自查

一、企业增值税的税负率把控

增值税税负率用于衡量企业在一定时期内实际税收负担的大小，用实际缴纳增值税税额除以销售额来计算，通常税务机关会用这个财务指标来衡量企业纳税的合理性。

从企业的角度来讲，合理的增值税税负率能保证企业财务平稳运行，以现行税务机关的自动预警机制，税负过低容易引起监管部门对企业偷税漏税的怀疑；税负过高有可能是财务核算机制不健全，给企业带来纳税损失。从国家宏观调控角度讲，合理的税负才能保障国民经济的健康发展。

一般来说，增值税税负率的合理区间是1%~4%。通常商贸企业税负率的合理区间是0.8%~2%，生产企业税负率的合理区间是2%~4%。不过，因为我国不同地区的经济发展程度不同，所以税负率也会有所不同，一般相对发达的地区税负率可能会高一些，相对欠发达的地区其税负率可能会低一些。除了地区差异外，不同行业，同行业采用不同的生产方式、经营方式，还有企业的竞争力和销售策略，都会影响企业实际的税负率。

我们以商业企业为例进行说明。

甲、乙、丙商贸企业均为增值税一般纳税人，2020年第三季度部分经营数据如下：

甲企业：营业收入205万元，营业成本155万元，期初期末存货金额为0，缴纳增值税6.5万元；

乙企业：营业收入205万元，营业成本155万元，期初存货金额45万元，为6月购入，本月全部对外销售，期末存货金额为30万元，缴纳增值税2.6万元；

丙企业：营业收入205万元，营业成本155万元，期初存货金额为0，期末存货金额90万元，缴纳增值税0元。

我们来分别计算甲、乙、丙三个企业的增值税税负率：

甲企业增值税税负率=6.5÷205=3.17%；

乙企业增值税税负率=2.6÷205=1.27%；

丙企业增值税税负率=0÷205=0。

三个企业的营业收入和营业成本完全相同，企业的毛利率相同，但是增值税税负率却不同，这主要是因为企业不同进货方式造成的结果。有的企业集中大批量采购进货，可能未来几个月进项税额都足够抵扣销项税额，从而不需要交税，比如上例中的丙企业；有的企业分批采购分批销售，可能每个月的增值税税负率都接近于毛利率与税率的乘积，比如上例中的甲企业。企业增值税行业预警税负率见下表：

企业增值税行业预警税负率

行业	预警税负率（%）	行业	预警税负率（%）
农副食品加工	3.50	化工产品	3.35
食品饮料	4.50	医药制造业	8.50
纺织品（化纤）	2.25	卷烟加工	12.50
纺织服装、皮革羽毛（绒）及制品	2.91	塑料制品业	3.50
造纸及纸制品业	5.00	非金属矿物制品业	5.50

续上表

行　业	预警税负率（%）	行　业	预警税负率（%）
建材产品	4.98	金属制品业	2.20
机械交通运输设备	3.70	电子通信设备	2.65
工艺品及其他制造业	3.50	电气机械及器材	3.70
电力、热力的生产和供应业	4.95	商业批发	0.90
商业零售	2.50	其他	3.50

通常情况下，各个行业的毛利率是趋于同化，保持在一个很小波动区间之内的，这也就形成了增值税的行业平均税负率。如果企业增值税的税负率低于行业平均值，就会产生税务风险，所以企业要根据自身经营情况，合理安排采购进货的数量批次以及认证时间，制定适合自身的销售策略，既要避免税负率过低引起税务机关的预警，也要注意税负率过高造成企业利益损失。

二、增值税的纳税自查方法

增值税一般纳税人应定期进行纳税自查，这样有利于保证财会资料及涉税数据的准确性和完整性，自查增值税额计算中有无漏洞和问题，也可为接受税务稽查的前期准备。增值税的纳税自查主要包括以下几个方面：

（一）进项税额自查

1. 发票来源自查

检查企业购买业务是否真实存在，用于抵扣的增值税发票是否真实合法，发票上的开票单位与付款单位是否一致，发票上记载的货物品种、数量等与实际生产是否相匹配。购进的旅客运输服务、贷款服务、餐饮服务、居民日常服务和娱乐服务，是否抵扣进项税额。兼营免税项目的免税额、不予抵扣的进项税额计算是否准确。

2. 进项税额转出自查

对于已抵扣进项税额的专用发票，要检查其是否用于非增值税应税项目、免征增值税项目、集体福利和个人消费，是否存在非正常损失货物或劳务，对于用于以上几项所对应的进项税额是否在改变用途当期转出，发生退货或取得销售折让是否按规定作进项税额转出。

3. 运费自查

检查是否有与购进和销售货物无关的运费抵扣进项税额，非增值税应税项目、免征增值税项目、集体福利和个人消费、非正常损失的货物或劳务所对应购进货物或劳务所发生的运费抵扣进项，是否在改变用途当期及时作进项税额转出，是否存在以开票方与承运方不一致的运输发票抵扣进项，是否存在以项目填写不齐全的运输发票抵扣进项税额等情况。

（二）项税额自查

1. 收入的存在性自查

检查已经确认收入的业务是否真实存在，是否有虚开销售发票或虚构交易、虚增收入，是否在商品相关的风险和报酬尚未全部转移给客户之前确认销售收入，是否利用与未披露关联方之间的资金循环虚构交易，是否通过未披露的关联方进行显失公允的交易，是否为了虚构销售收入，将商品从某一地点移送至另一地点，以出库单和运输单据为依据记录销售收入。

企业自查时，应当以收入的明细账为基点，抽查其中确认收入的交易，是否有销售合同、出库单、相应的运输单据、购买方的验收单据等，检查购买方的付款情况，是否未收到货款形成坏账。

2. 收入的完整性自查

检查所有应记账的销售业务是否全部确认收入，发生的收入交易是否得到准确记录，是否存在现金收入不入账的情况，是否存在不给客户开具发票，相应的收入不入账的情况；是否存在为了达到报告期内降低税负或转移利润等目的,在以货易货、以货抵债、以旧换新等交易中收入未计或差额计收入的情况。期末收入交易和收款交易是否计入正确的期间,是否存在销售收入长期挂账不转收入的情况,是否存在视同销售行为,未按规定计提销项税额的情况。向购货方收取的各种价外费用是否按规定纳税,免征增值税的货物或应税劳务,是否符合税法的有关规定。

企业应以银行存款明细账或现金明细账,以及企业的出库单为基点,抽查其中是否存在已收款或者已发货应该确认收入,却没有确认的情况。

三、消费税的纳税自查方法

消费税的纳税自查方法主要包括以下几个方面:

1. 应征未征消费税的自查

(1)企业应当检查总账明细账等账载数据,是否存在应税消费品与非应税消费品的混淆,隐瞒征税项目。应税消费品和非应税消费品如果未分别核算,需要检查混合核算的项目是否计征了消费税,并分别核算重新记录应税消费品与非应税消费品的收入。如果已经分别核算的,要结合销售情况、产品出入库以及现有库存的情况,检查分别核算的数值是否准确。

(2)企业应当对申报数据进行检查,检查应税消费品是否作为非应税消费品申报,应税消费品销售收入是否全额申报,有无漏报、少报销售收入的情况,并根据(1)中检查结果,调整以往错误的申报表,补缴税款。

(3)企业如果存在购进或委托加工应税消费品,收回后直接对外出售或继续用于连续生产加工的,应当检查直接对外销售部分是否缴纳消费税,如果未缴纳,检查直接对外销售价格是否高于已经缴纳消费税的计税依据。委托加工业务是否符合委托加工的确认条件,委托加工收回的应税消费品,受托方是否代扣代缴消费税,如果没有代扣代缴,企业是否自行缴纳消费税。

2. 自产自用应税消费品的自查

（1）企业应结合投入与产出情况，生产物料移送情况，定期或不定期对自产自用缴纳消费税的情况进行自查，检查企业应税消费品用于生产非应税消费品和在建工程、管理部门、非生产性机构、提供劳务，以及用于馈赠、赞助、集资、广告、样品、职工福利、奖励等非生产性项目，是否申报纳税。

（2）企业自产自用的应税消费品，如已经在移送使用时申报纳税的，检查组成计税价格计算是否正确，是否存在低估成本从而减少计税依据的情况。

（3）企业自产自用的应税消费品，从量定额计算缴纳消费税的，检查移送数量是否核算准确，是否存在高估或低估数量，导致增加或减少税基的情况。

（4）企业应当检查非货币性资产交换业务，自产的应税消费品用于换取生产资料、消费资料、投资入股、抵偿债务是否按同类消费品的最高价格申报纳税。

3. 非应税消费品名称自查

（1）企业应当检查未征消费税产品的名称和价格，例如化妆品生产销售企业，可以对其未征消费税的化妆品的实际销售价进行核查，检查销售价格是否达到 10 元／克（毫升）或 15 元／片，是否应当作为高档化妆品缴纳消费税。

（2）企业应当将未征消费税产品合格证、化验单以及用途，与应税消费品进行对比，这种方法适合生产销售成品油的企业进行自查，例如用原油或其他原料加工生产的用于内燃机、机械加工过程的润滑产品均属于润滑油的征税范围，润滑脂这个名称虽然不是税目中的润滑油，但也按照润滑油税目征税；而变压器油、导热类绝缘油等不属于润滑油，不征收消费税。

4. 应税消费品的税率自查

企业对产品合格证、化验单进行自查，对比产品价格，询问企业生产技术人员，了解相应的生产加工方式，对应税消费品进行税目界定。以酒类生产企业为例，白酒适用于 20% 加 0.5 元 /500 克（mL）复合计税；而以蒸馏酒或食用酒精为酒基，具有国食健字或卫食健字文号且酒精度低于 38 度的配制酒，或以发酵酒为酒基，酒精度低于 20 度的配制酒，均按其他酒税目计算缴纳消费税，税率为 10%。两种税率差别巨大，可对应的应税消费品却容易被混淆。

5. 几种典型的计算错误自查

（1）委托加工收回的应税消费品是否存在同类售价，如果不存在同类售价，其组成计税价格是否正确，后续用于加工应税消费品的生产领用数量，是否记录准确。

（2）应税消费品连同包装物出售的，包装物是否并入销售额计征消费税；包装物明细账的出库入库及结存，是否与实际库存相符，是否存在包装物的盘亏。

（3）检查企业超过一年或逾期未收回的包装物押金，是否及时计入销售收入，是否按照包装的应税消费品对应的税目缴纳消费税，是否存在遗漏未申报，或者税目错误选择的情况。

（4）检查销售应税消费品，同时涉及佣金手续费的业务，是否将应税销售收入扣减佣金、手续费后的金额计入销售额。

（5）价外费用是否并入销售额，是否存在混淆名目的收款，实质为价外费用，却没有通过价外费用核算。

四、企业所得税的纳税自查方法及税负把控

1. 调整项目自查

企业进行所得税纳税自查时，应该按照具体项目中税法与会计准则规定不一致的地方进行着重筛查，分离各个项目的调增调减数额，进行逐一排查。企业计算企业应纳税所得额时，采用公式：

> 应纳税所得额 =（会计利润 ± 纳税调整项目金额）× 适用税率 − 减免税额 − 抵免税额

计算应纳税所得额时可能产生纳税调整的项目主要有：企业收入、成本、费用、企业亏损等。

企业在进行收入项目自查时需要考虑，在计算应纳税所得额时的收入是少计还是多计。一般而言，收入项目下出现所得税的调整项目时有三种状况：一是不征税收入计入收入总额导致的调减项目；二是免税收入计入收入总额导致的调减项目；三是企业收入调增项目。

成本、费用项目下包含限额抵扣、超额抵扣和由于税法与会计准则规定不同导致的调整项。限额抵扣指企业的广告费和业务宣传费、工资薪酬项下的职工福利费、工会经费和教育经费、业务招待费等项目；超额抵扣是指在计算应纳税所得额时加计扣除的项目，如企业研发经费中符合条件的加计扣除等；税法与会计准则规定的不同造成的调整项目主要是滞纳金、赞助费和固定资产折旧年限等产生的纳税调整。企业在进行纳税自查时，应该将本企业成本费用下的各个科目罗列出来，将本期产生纳税调整的种类逐一计算。

企业亏损项目在自查时应排查企业亏损弥补年限是否正确、本年度是否适用于亏损弥补政策及亏损弥补的金额是否整齐等。

2. 税收优惠自查

企业所得税应纳税所得额的计算除去调整项目外，还包括由国家优惠政策规定的抵减企业所得税税额的部分与所得税税率的优惠政策。税额优惠主要包括企业的减免税额和抵免税额。税率优惠主要是针对小型微利企业、西部鼓励企业和污水治理企业等进行的企业所得税税率降低政策。企业在进行纳税自查时需要把握的是政策的执行是否还在有效期内、本企业是否属于税收优惠范围和具体优惠金额的确认。

3. 控制企业所得税税负率

由于金税四期税收系统的施行,税务局有更多数据可以统计企业的各项信息,比如企业所得税的税负率。如果企业与行业之间的税负率有较大差异,那么税务机关也是极有可能选中本企业,前来例行检查。为了避免因税负率变化引起的税务稽查,企业应当注意企业所得税的税负率。企业所得税行业预警税负率见下表:

企业所得税行业预警税负率

行　　业	预警税负率（%）	行　　业	预警税负率（%）
租赁业	1.50	专用设备制造业	2.00
专业技术服务业	2.50	专业机械制造业	2.00
造纸及纸制品业	1.00	印刷业和记录媒介的复制印刷	1.00
饮料制造业	2.00	医药制造业	2.50
畜牧业	1.20	通用设备制造业	2.00
通信设备、计算机及其他电子设备制造业	2.00	皮革、毛皮、羽毛（绒）及其制品业	1.00
食品制造业	1.00	商务服务业	2.50
其他制造业——管业	3.00	其他制造业	1.50
其他建筑业	1.50	其他服务业	4.00
其他采矿业	1.00	塑料制品业	3.00
批发业	1.00	农副食品加工业	1.00
农、林、牧、渔服业业	1.10	木材加工及木、竹、藤、棕、草制品业	1.00
零售业	1.50	居民服务业	1.20
金属制品业——轴瓦	6.00	金属制品业——弹簧	3.00
金属制品业	2.00	建筑材料制造业——水泥	2.00
建筑材料制造业	3.00	建筑安装业	1.50
家具制造业	1.50	计算机服务业	2.00
化学原料及化学制品制造业	2.00	工艺品及其他制造业——珍珠	4.00
工艺品及其他制造业	1.50	房地产业	4.00
非金属矿物制品业	1.00	纺织业	1.00

续上表

行　业	预警税负率（%）	行　业	预警税负率（%）
纺织服装、鞋、帽制造业	1.00	废弃资源和废旧材料回收加工业	1.50
电气机械及器材制造业	2.00	电力、热力的生产和供应业	1.50
道路运输业	2.00		

第七章

企业如何应对税务稽查

第一节　不能不知道的税务稽查知识

税务稽查是税务机关对纳税人的一种监督方式，税务机关依据各种税收法律法规的政策规定，对纳税人、扣缴义务人是否按照税收法律法规的规定履行了纳税义务和扣缴义务进行检查。从税务稽查的定义中可以看出，税务稽查的主体是进行稽查的税务机关，税务稽查的对象是纳税义务人和扣缴义务人。

一、认识税务稽查

税务稽查的内容可能涉及企业涉税工作的各个方面，具体包括发票开具和抵扣存在异常情况、各税种的税负低于同行业平均水平或税负为零、企业的营业收入为零、企业经常不按时进行申报、重点税源等。不过，因为稽查时间和工作量的限制，稽查局不可能对所有企业进行稽查，只能通过电脑随机选取、财务指标选取、群众举报、上级有关部门指定等方式对企业进行税务稽查。

稽查人员在税务稽查时，为了了解被稽查单位的真实经营情况，并且收集相关证据，通常会对当事人或其他相关人员进行询问，会检查被稽查单位的发票领购、开具、保管情况，有时会复制一些凭证、财务报表等，从里面找到疑点和相关线索，然后采用账账核对、账实核对、账证核对、账表核对等方法确定疑点。

当然疑点只是疑点，如果没有证据是不能证明被稽查单位存在违法行为的，所以税务稽查人员在稽查过程中要收集证据。税务稽查中的证据包括物证、书证、音像证据、证人证言、被稽查人的陈述和辩解、鉴定结论、勘验和检查笔录以及电子数据等。注意税务稽查人员收集证据的方式要合法，否则就是无效证据。

稽查局应当在征收管理范围内实施税务稽查，不能超越管辖范围实施稽查。根据《中华人民共和国税收征管法》，税务稽查局在实施税务稽查时享有查账权、场地核查权、询问权、查证权、检查存款账户权、税收保全措施、税收强制执行措施、行政处罚权等权利。

被稽查的纳税人应当履行相应的义务，主要包括接受税务检查、提供协助、缴纳税款、结清税款或提供担保等。不过，被稽查单位面对税务稽查时也享有自己的权利，比如：享有了解税法的权利，要求稽查人员对其查阅的商业资料保密的权利；如果被稽查单位发现税务稽查人员在税务稽查过程中，没有按照规定的程序进行检查、收集证据，比如采取窃听、偷拍、暴力、威胁等手段获取证据，则有权拒绝。此外，被稽查单位对税务机关出具的告知事项，依法享有陈述、申辩的权利；如果被稽查单位对税务机关的处罚不服，还享有申请行政复议、提起行政诉讼的权利；如果稽查人员在稽查过程中存在违法行为，并对被稽查单位造成财产损失的，被稽查单位有权申请赔偿。

二、企业被稽查前需要做的准备工作

通过前面的介绍，我们已经对税务稽查有了一定程度的了解。企业在经营过程中，难免会遇到税务稽查，尤其是税务机关的日常稽查。税务机关的日常稽查是随机的，并不一定因为企业有什么违法行为，如果企业并没什么违法行为，就无须恐慌，做好准备工作即可。

接到税务稽查部门的通知后，工作人员准备好相关的会计账户和资料，最好将前几年度的会计资料也整理好，因为稽查人员可能会查阅前几个年度的会计资料。企业工作人员整理好年度账簿、财务报表、纳税申报表、银行对账单、销售合同、购货合同、进项发票抵扣联、日常管理用的出库单和入库单、库存商品明细表等材料；对于缺失的材料，应当核实缺失原因，方便稽查人员询问时，能如实告知事情原委。

企业除了准备好稽查部门可能会检查的材料外，还要指派专门的财务人员接待稽查人员。如果稽查过程中，稽查人员需要询问相关证人，被稽查单位应当确保证人可以联系到，以免引起稽查人员的怀疑。

稽查人员在稽查时，可能还会进行实地核查，被稽查单位在不影响生产的前提下，应当确保所有的生产经营场所都可以进行实地核查，包括生产车间、仓库、存放财务资料的办公室。对于储存电子会计资料和公司生产、销售、物流的电子系统的计算机，被稽查单位应当确保其可以流畅运行。

在一些疑难税务案件当中，企业也可以提前聘请律师介入税务稽查，通过律师来与税务稽查人员进行沟通，确保案件不会因本企业其他原因导致判决加重。

总之，企业应当及时准备税务稽查通知上要求企业准备的资料，合理安排相关人员接受询问，做好库房、车间的协调工作，在不干涉正常工作的前提下接待税务稽查人员。

三、企业如何接待税务稽查人员

对于税务稽查人员，不管本企业有没有涉及税务风险，在接待的时候都要做到热情客气、不卑不亢。

在税务稽查人员到达本企业前，企业应当挑选本企业当中思维敏捷、反应迅速的员工陪同负责人接待税务稽查人员，防止因言语漏洞被捕捉企业的其他税务风险。当稽查人员到达本企业时，企业应当与税务稽查人员保持正常、愉悦的沟通氛围，不应因本企业被稽查而辱骂、嘲讽稽查人员，应当与稽查人员建立互相尊重的合作关系，使稽查工作在本企业顺利开展。

在保证端正态度的前提下，无论是有通知的税务稽查还是突击税务稽查，在税务人员到达本企业时，企业均应按照以下步骤进行处理：

1. 主动要求税务人员出示证件

在税务检查当中，税务稽查人员查询本企业账务资料的前提是携带税务检查证和税务检查通知书，企业有权利要求税务人员出示上述证件和通知，并核对检查是否属实。如果税务稽查人员未出示上述证件和通知，企业有权拒绝本次检查。

企业应当通过比对证件记载事项、扫描税务检查证二维码等方式验证持证人身份。同时，企业应当核对税务检查通知上的日期与印章是否属实，确保本次税务检查符合国家规定。

需要注意的是，在比对和检查过程中，企业应当保持自身态度端正，勿随意诋毁税务人员，勿采用极端方式破坏税务人员证件。

提示：国家税务总局公告2018年第44号对税务机关的税务检查证予以了更新，自2019年1月1日起，税务机关前往纳税人办公场所的，必须出示新税务检查证，其皮夹式样如下：

（1）皮夹为竖式黑色皮质，征收管理部门专用税务检查证皮夹为竖式咖啡色皮质；

（2）外部正面镂刻税徽图案、"中华人民共和国税务检查证"字样，背面镂刻"CHINA TAXATION"字样；

（3）内部上端镶嵌税徽一枚和"中国税务"四字，下端放置内卡。

按照本规定，新税务检查证内卡应当有持证人的姓名、照片、工作单位、证号、二维码、检查范围、检查职责、税务检查证专用印章、有效期限等内容。

2. 如实反映本企业税务情况

进入稽查程序后，税务人员对于企业账务资料有疑问的部分，企业应当及时对该部分内容进行解答。对于税务稽查过程需要的部分笔录、录音、录像等资料，企业不应阻挠税务人员记录，而应积极配合，及时满足税务人员的诉求。

企业应当切记，勿在税务稽查过程当中与税务人员出现冲突，勿怀有抵抗情绪，拒不提供账户资料，防止因拒绝配合税务人员工作产生更多罚款。

提示：按照税法相关法律法规，纳税人有以下情形的，将被处以一万元以下罚款，情节严重的，将被处以一万元以上五万元以下罚款：

（1）提供虚假资料，不如实反映情况，或者拒绝提供有关资料的；

（2）拒绝或者阻止检查人员记录、录音、录像、照相、复制与税收违法案件有关资料的；

（3）在检查期间转移、隐匿、损毁、丢弃有关资料的；

（4）其他不依法接受税务检查行为的。

3. 涉密事项及时说明

一些企业由于其特殊性，其账务资料或者其他资料当中可能存在一些商业秘密，对于本部分事项，纳税人可以提前告知税务人员，防止因未提前说明导致税务稽查人员非故意造成企业商业秘密泄露。税务人员应当对企业的商业秘密、个人隐私等信息保密。

总之，如果企业不存在违法违规情况，税务稽查必然不会对企业带来不利影响；若企业本身税务处理就存在问题，那么企业也必然逃不过法律的制裁。当企业有税务问题时，与其采取威胁、提供虚假资料等手段逃避违法事实，不如主动接受税务稽查，早日处理本企业税务问题，积极发展企业业务。

4. 出现分歧怎么办

在税务稽查过程中，企业常常会与稽查人员出现观点分歧和意见相左的情况，这时，企业员工无须与税务稽查人员据理力争，而是保留自己的观点，并将税务稽查人员的观点记录下来。

之所以不建议企业员工跟税务稽查人员争辩，是因为这只是税务稽查人员在收集证据，如果这时争论不休只会浪费双方的时间，还可能因为员工态度问题让稽查人员对企业印象不好；还有，税务稽查中，税务机关会将当事人的叙述、申辩内容整理归档，记录在相关资料当中。所以，企业无须跟稽查人员做不必要的争辩，只需后续环节将自己的观点表述清晰即可。何况纳税人还有提起行政复议或者行政诉讼等权利，完全可以用合法手段维护自身的权益。

四、通过合法手段维护企业权益

如果企业在陈述、申辩或者听证后，依然收到了税务机关的《税务行政处罚决定书》，并且企业对该处理结果不服时，还可以通过税务行政复议和税务行政诉讼两个途径来维护自身权益。

企业应当先向行政复议机关提起税务行政复议，如果企业对复议结果依然不服，还可以向人民法院提起诉讼请求。

（一）税务行政复议

税务行政复议是指纳税当事人对税务机关或者其工作人员所作出的税务具体行政行为不服，依法向上一级税务机关提起复议的行为。

1. 申请时间

税务行政复议的申请时间需要在纳税人收到《税务行政处罚决定书》之日起的 60 日之内。

注意：企业只有完成税款、滞纳金缴纳或提供担保才可向相应税务机关提起行政复议。

2. 申请机构

企业对各级税务机关作出的处罚不服的，应当向该税务机关上一级税务机关申请行政复议。如果企业对省、自治区、直辖市地方税务局作出的处罚不服的，应向国家税务总局或者上述地区的人民政府申请行政复议。

3. 复议流程

企业申请行政复议一般为书面申请，申请人应当提交载明相应内容的税务行政复议申请书；企业也可以就该事项进行口头申请。对于口头申请的，行政复议机关应当当场记录申请人的基本情况，行政复议请求，申请行政复议的主要事实、理由和时间。

对于行政复议申请，复议机关应当在5日内进行审查并决定是否受理该申请。无论受理与否，复议机关均应以书面形式告知当事人。

4. 复议结果

税务复议机关会根据相关证据、事实作出最终决定，一般税务行政复议的结果有维持原行政行为、撤销原行为、变更原行为三种。企业如果对行政复议结果满意，应当在限期内执行该复议决定；若对该复议决定不满意，可以在法定期限内向人民法院提起诉讼。

（二）税务行政诉讼

1. 申请时间

税务行政诉讼的申请时间应当为企业收到《税务行政复议决定书》之日起的15日内。行政复议机关逾期不决定的，企业可在复议期满之日15日内提起诉讼。

2. 申请机构

税务行政诉讼的管辖人民法院一般为税务稽查机关所在地人民法院。

3. 起诉流程

（1）企业因不满行政复议决定向人民法院提起诉讼的，应当上交起诉状。

（2）人民法院在接到起诉状的七日内决定是否受理，并发送是否受理通知。

（3）受理诉讼：人民法院应当在5日之内向被告发送起诉状副本，被告应在收到之日10日内提交相关材料，并提出答辩状；人民法院在收到答辩状之日起5日内，应当将答辩状副本发送给原告。

不受理诉讼：企业可以申请上诉。

（4）法院审理，并作出判决维持、判决撤销或部分撤销、判决变更等。

若企业对判决结果仍然不服，可以在判决书送达之日起的15日内向上一级人民法院提起上诉。

第二节　典型的税务稽查案例讲解

一、通过资金流发现企业虚开增值税发票

现行金税三期增值税发票管理体系非常完善，企业想要虚开增值税专用发票被稽查的风险非常高，但是在利益的驱使下，总会有个别企业企图通过这种途径少缴税款，最后被法律所制裁。

1. 案件详情

原告单位：A 地某医药有限公司

原告人：蒋某某

原告人情况：A 地某医药有限公司 51% 股权，在该公司担任总经理，负责公司管理事项。

案件经过：2020 年，被告人蒋某某通过他人介绍，结识了 B 地某制药公司业务员刘某。蒋某某与刘某对虚开增值税发票的事宜进行商榷，最终决定，A 地某医药有限公司支付给 B 地某制药公司虚开发票金额的 10% 作为手续费。

随后几年，刘某陆续从 B 地某制药公司开具了 42 份虚假增值税专用发票给 A 地某医药有限公司，累计金额高达 439.367 635 万元。

蒋某某得到虚开发票后，让财务人员以此金额记账，计入本公司的库存商品与应交税金（增值税进项税额）等科目当中，在当期通过发票认证，抵扣后少交了增值税税款 63.839 723 万元，企业所得税税款 93.881 978 万元。

A 地税务机关经过系统选案，来到该医药公司稽查，发现了其虚开增值税专用发票的事实，对其进行了处罚，但该公司不满税务机关行政行为，并向当地人民政府提起了诉讼。

2. 庭审判决

A 地法院经过资料审查、听取证人证言、被告辩述后，认为该案件

应当维持原判。

法院认为，A 地某医药有限公司的行为违反了国家税收管理制度，在与相关公司无真实业务发生的情况下，接受了虚开的增值税发票，且虚开税款税额较大，构成了虚开增值税专用发票罪。

原告人蒋某某是本案的起意人、联系人、指挥人和实施人，其行为构成了虚开增值税专用发票罪。由于上述原告人有自首行为，因此依法对其减轻处罚。

3. 判决结果

（1）原告单位 A 地某医药有限公司犯虚开增值税专用发票罪，判处罚金 18 万元；

（2）原告人蒋某某犯虚开增值税专用发票罪，判处有期徒刑二年十个月，缓刑三年。

4. 案件分析

在上述案件当中，蒋某某自认为在双方企业均存在资金流向的情况下，其虚开增值税专用发票的行为不会被税务局稽查，却不知金税三期系统已经监控了其资金流向。

这是因为，在金税三期系统下，企业的现金流、物流、信息流、商流等四流流向全部被纳入系统监控。税务系统可以随意调取企业的公安、工商、银行、交通、社保、电子支付、海关等系统信息，可以清晰地辨别企业的收入、成本、利润、交易情况、资金流动，企业只要进行了虚假交易，税务局系统便会有警示信息。

此案例告诉纳税人，切勿以虚开增值税专用发票的方式逃税、漏税，否则纳税人最终将面临的是税务机关的行政处罚书和人民法院的判决书。

二、从一个神秘的表格找到企业的账外账

我国法律严禁企业私设"外账"或"内账"，但是个别企业，为了少

缴税款，置国家法律法规于不顾，设置假账。为了让账簿资料显得更为真实，企业费尽了心机，但是这些"外账"即便做得再真也逃不过税务机关的稽查。

1. 案例详情

涉案企业：A地某食品有限公司

案件经过：2019年6月，A地税务机关接到知情人士举报：该地某食品有限公司有偷税漏税嫌疑，企业时常隐藏销售收入偷税漏税。A地税务机关工作人员随即对该企业展开分析，发现该企业年度纳税信息健全，并且税负率也符合行业税负率标准，表面看起来不存在偷税逃税的风险。

不过，举报信息显示该企业年均销售额超过4 500万元，这与该企业当年纳税申报表中的2 400万元年销售额严重不符，于是税务机关组织了相关人员对该公司进行突击税务稽查。

税务稽查人员到达该公司后，发现该公司账表资料齐全，且账簿内容与纳税申报表内容相符。经过严密查看，税务稽查人员从该公司某销售人员的办公电脑当中发现了一张销售人员薪金表格，该表格详细记载了该企业当月的销售情况。粗略估算，该表格内的销售额与账簿记载有较大差异，通过这张表格，税务稽查人员认为该公司很可能有另外一套账簿。

为了保存证据，稽查组立即对该公司财务人员办公电脑内的资料进行了备份采集，并继续对该企业进行核查，获得了20箱疑似资料。

几天后，税务稽查人员又到该公司进行突击检查，发现了"特殊电脑"，得到了该电脑中储存的"内账"资料。通过数据对比，稽查人员发现，该公司通过个人账户进行了销售收入隐匿，金额高达1.09亿元。

2. 税务局决定

根据相关法律法规，A地某食品有限公司违反税收缴纳原则，非法设置两套账簿进行纳税申报，隐匿销售收入数额1.09亿元，由此产生的税款合计为1 854.25万元，税务机关依法对其采取补缴税款、加收滞纳金的处置，并对其处以相应处罚，以上款项共计3 337.65万元。

3. 案件分析

根据我国《税收征收管理法》第六十三条第一款规定："纳税人伪造、变造、隐匿、擅自销毁账簿、记账凭证，或者在账簿上多列支出或者不列、少列收入，或者经税务机关通知申报而拒不申报或者进行虚假的纳税申报，不缴或者少缴应纳税款的，是偷税。对纳税人偷税的，由税务机关追缴其不缴或者少缴的税款、滞纳金，并处不缴或者少缴的税款百分之五十以上五倍以下的罚款；构成犯罪的，依法追究刑事责任。"

A 地某食品有限公司以伪造账簿申报纳税，构成了偷税行为，因此其应当补缴少交税款，并对少交税款按日缴纳滞纳金，同时还需接受相应的处罚。

在本案例中，该公司管理者认为只要账簿足够真实，税务机关就无法获得其偷逃税款的证据资料，殊不知"天网恢恢，疏而不漏"，只要违法总会留下证据，更别说现在的大数据稽查。

为了避免税务风险，企业还是真实做账，切勿用两套账簿欺瞒税务机关，否则将得不偿失。

三、企业随意扩大优惠政策被稽查

税收优惠政策的使用，是企业进行税务筹划的主要措施。在优惠政策的标准内，企业申报纳税、缴纳税款，享受税收优惠带来的税款节省，是一种合法行为，但有些企业却肆意扩大优惠规模，享受本不应享受的税收优惠。

1. 案例详情

涉案企业：某电子控制公司

案件经过：2020 年 4 月，某地税务稽查部门发现一家 2010 年成立的企业——某电子控制公司，这家企业十几年来一直享受高新技术企业的"三免三减半"优惠和高新技术企业的税收优惠税率。

经过系统数据调查，税务人员发现了以下疑点：

（1）该公司为生产型外资企业，经营业务主要是以相关设备的生产、销售和相关服务为主。一般而言，这样一家以生产为主营方式的企业不会满足高新技术企业的标准；

（2）数据显示，该公司的多年经营当中，企业的销量和产量确实同比增长了不少，但是其管理费用和收入却没有同步增长。一般情况下，随着销售规模的扩大，企业的管理费用都会增加。

稽查人员根据以上疑点，认为该公司可能存在粉饰研发费用，变管理费用为研发费用的嫌疑，于是前往调查。

调查发现：该公司纳税申报表中的"研发费用"，大部分都是外国总公司支付的特许权使用费，而这些费用并不属于研发费用，如果将这些费用剔除，该企业便不再符合高新技术企业认定标准，也无法再享受优惠政策。稽查人员还发现该企业的研发费用加计扣除也存在一定问题，有超范围抵扣的情形。

最后稽查人员经过查证，认定该公司在2020年的确不符合高新技术企业条件，且该公司2018—2020年的加计扣除也存在问题。

2. 案件结果

根据以上调查结果，某地国税局稽查部门最终认定：

该企业私自扩大优惠政策范围，导致纳税适用税率的错用，因此应当依法补缴少交税款、加征滞纳金，并对超范围的加计扣除金额对应的税款予以补缴。具体数额为：2020年企业所得税税款1 842万元、超范围加计扣除对应企业所得税税款75万元、滞纳金24万元。

3. 案例分析

在上述案例当中，某电子控制公司在2020年已经不属于高新技术企业，但是仍然以高新技术企业资格进行了纳税申报，使得企业获得了高额的税款节省。尽管这种方式使得企业节省了税款，但是受到了税务机关稽查，该公司不仅需要补缴欠缴的税款，还要加征24万元的滞纳金。这告诉我们，企业在纳税申报时应当牢牢把握税收优惠政策的范围，防止因标准差异导致被税务稽查。

四、二维码收入不纳税，行业差异引来稽查

近年来由于移动支付的普及，越来越多的企业和商户选择以电子支付方式作为收款的主要方式。有些商户便通过这种方式，将本应存入公司账户的资金违法存入了个人账户；有些商户觉得，只要公司账户没有记载这些收入，税务局就不知道，就可以不缴税款。然而，他们却不知道，税务局早已将电子支付的相关数据体系纳入了税收征管系统。

1. 案件详情

涉案企业：A地某食品商铺

案件经过：2019年初，A地税务局收到相关单位传送的一则案源信息，该信息表明，某食品商铺的纳税申报收入相较于同行业、同地区店铺有较大差距。因为该商铺位于市中心，日均客流量巨大，其销售收入与实际经营现状明显不符。

A地税务局接到此条案源后立即组织税务人员调取了该商铺的纳税数据，发现该商铺自登记纳税以来，每月申报的增值税销售额从来都没达到过起征点，而对比其附近其他同类商铺，其税负率明显偏低，属于行业内部的低税负率。经过分析，A地税务局认为该商铺可能存在隐匿收入等行为，立即对其进行调查。

通过调查该企业的往来资料，稽查人员发现该商铺的资金发生额与该店的申报经营收入相近，没有隐匿收入的资金疑点。不过，后来通过调查发现该商铺收款的方式并非只有公户收款，还有老板个人账户二维码收款。经过对老板个人电子账户的流水情况调查，发现该商户老板以二维码私自接受公户账户的方式，隐匿了2600多万元的收入。

2. 税务局决定

根据以上调查结果，税务机关认定了该商铺偷税的事实。由于其年纳税收入早已超过小规模纳税人标准，因此其应当登记为一般纳税人，缴纳增值税；另外，根据相关隐匿收入，其应当补缴个人所得税、城市维护建设税、教育费和地方教育附加等税款。具体决定如下：

（1）补缴之前偷逃税款并加收滞纳金，金额共计129.19万元；

（2）缴纳不设账簿、偷逃税款等行为相应数额罚款。

3. 案件分析

个别企业管理者跟上例商铺老板有一样的误区：认为公司收入，只要不经过对公账户就无须缴纳税款。其实不然，只要是公司取得的收入，就应当按照真实金额记载到账簿资料当中，并且根据实际收入如实申报纳税，否则，就是偷逃税行为。在支付方式的更新换代中，企业不应存在任何侥幸心理，不要觉得自己的小伎俩可以骗过稽查人员的眼睛，要知道当下税务系统功能强大，足以保证纳税申报的真实、完整。

第三节　根据税务稽查完善企业纳税管理

一、税务稽查账务调整的原则

如果企业被稽查后，企业也认定了稽查部门出具的稽查结果，那么企业财务人员应当根据税务机关出具的《税务处理决定书》或《税务行政处罚决定书》，对账务处理中存在的问题进行更正和调整，这就是税务稽查账务调整。

税务稽查账务调整是税务稽查一个重要的环节，企业除了要将错账和漏记的账项更改过来，还要仔细分析稽查结果，找到自身存在的问题，并加以改正，以免以后出现类似的错误。

税务稽查账务调整既要体现错账的成因以及修改思路，又要保证调账分录的科目记录正确、金额记录准确。

税务稽查调账既要符合现行财务会计准则的规定，也要符合税法有关会计核算的规定。当财务会计制度和税法不一致时，纳税人应根据税法的规定计算并缴纳税款，不过在账务处理上仍以现行的企业会计准则和企业会计制度的规定处理。

比如，企业进行错账调整时，应作出新的账务处理来纠正原错账，新的账务处理业务必须符合会计原理和核算程序，并且还要反映错账的来龙去脉，清晰表达调整的思路，在科目准确、金额准确的前提下，还能正确反映企业的财务状况和生产经营情况，并使会计期间上下期保持连续性和整体性。

如果是本年度发生的错漏账目，只能影响本年度的税收，按正常的会计核算程序和会计制度，就能调整与本年度相关的账目，以保证本年度应交税金和财务成果核算真实、正确。对于商品及劳务税、财产税和其他各税的账务调整，一般不需要计算分摊，凡查补本年度的商品及劳务税、财产税和其他税，只需按照会计核算程序，调整本年度相关的账户即可。

对于以前年度的错漏账目，因为财务决算已结束，一些过渡性的集合分配账户及经营收支性账户已无余额，错漏账目的调整，已经不能再按正常的核算程序对有关账户进行调整，所以，一般对当年的以前年度损益调整科目、盘存类延续性账目及相关的对应科目进行调整；对于检查期和结算期之间时间间隔较长的，可直接调整以前年度损益和相关的对应科目，盘存类延续性账目可不再调整，以免影响当年的营业利润。

二、税务稽查账务调整的方法

税务稽查后的账务调整和一般账务调整方法相同，使用的方法有划线更正法、红字更正法和补充登记法三种。

1. 划线更正法

划线更正法适用于记账凭证没有差错，但使用记账凭证登记账簿时，将账簿登记错误的情况，这种错误可能是将事项摘要写错，也可能是将金额写错。这种情况下的正确操作就是：在错误的文字或者金额上划一条红线，然后在红线上空白处写上正确文字或数字。

注意：采用划线更正法，要在更正处签字盖章，注明更正人，以备将来有据可查，以免发生胡乱更改造成的账簿错误。

2. 红字更正法

在会计账务处理过程中，红字记录的金额代表负数。税务稽查后，如果发现账目错误是因为记账凭证会计科目记录错误的，只需将原来错误的记账凭证冲销即可，具体做法就是：编制红字记账凭证，其内容与原错误凭证完全相同，日期和摘要等文字类的记录用正常颜色记录，金额用红字记录，这种的记账方法可以让所涉及的科目发生金额正好正负相抵，使得金额为零。

如果原错误凭证的会计科目没有错误，只是少记了金额，则不用红字更正，直接重新编制一张摘要和目录跟原来记账凭证相同的凭证，然后将差额计入对应科目；如果是多记了金额，则应当编制一张摘要和目录跟原记账凭证相同的凭证，然后用红笔将多出来的差额计入对应科目。

注意：在红字更正凭证的摘要上应当写明，更正×月×日的凭证；编制的红字记账凭证，应当和当期正常编制的凭证一同进行过账等会计处理。

3. 补充登记法

如果整个记账凭证都发生错误，则需要将原来的记账凭证全部冲销，然后再编制补充登记凭证，也就是正确的记账凭证。

三、税务稽查的账务调整

企业在补缴《税务处理决定书》和《税务行政处罚决定书》上要求的税款、滞纳金和罚金后，应当及时对本企业的账务内容进行调整。

一般而言，税务稽查后企业的账务调整主要就是税费方面的调整，这些税费包括增值税、消费税、所得税、资源税、房产税、土地使用税、车船税、教育费附加和地方教育附加、城市维护建设税、土地增值税等；除此之外，还会涉及成本、收入等损益科目的调整。下面我们就以案例来具体说明会计处理方法。

1. 当年发生的税务问题

对于当年发生的税务问题，企业只需要在相应科目进行会计处理即可。

A公司是一家食品零售企业，企业所得税税率为25%。2021年7月，税务机关在检查其二季度纳税情况时发现，该企业在5月份销售货物时，通过虚增销售数量的方法，虚增了5万元成本，导致该月利润减少5万元，企业所得税申报缴纳减少1.25万元。本案例不考虑增值税影响。

由于税务机关是在纳税年度内发现的企业税收风险，因此，该企业可以就虚增成本直接更正。对于此类多计项目，财务人员可以采用红字冲销法直接冲回；对于少计的所得税，企业可以用补充登记法直接补回。相关会计处理为：

借：主营业务成本　　　　　　　　　　　　　　　50 000
　　贷：库存商品　　　　　　　　　　　　　　　　50 000
借：所得税费用　　　　　　　　　　　　　　　　12 500
　　贷：应交税费——应交所得税　　　　　　　　 12 500

因少交所得税会产生滞纳金，企业应当根据《税收行政处罚决定书》要求缴纳滞纳金，相关会计处理为：

借：营业外支出——滞纳金　××××（具体数额根据逾期缴纳天数计算，由税务机关核定）
　　贷：银行存款　　　　　　　　　　　　　　　 ××××

如果企业涉及增值税的补缴，应当通过相关科目进行补记录，相关会计处理为：

借：应交税费——增值税检查调整　　　　　　　 ××××
　　贷：银行存款　　　　　　　　　　　　　　　 ××××

2. 以前年度发生的税务问题

企业以前年度发生的税务问题，应当通过"以前年度损益"科目进行调整。

某企业为企业所得税纳税人，适用所得税税率为25%，该企业按照10%和5%的比例计提法定盈余公积和任意盈余公积。

2021年6月，税务机关对该企业进行了税务稽查，发现该企业2020年多计了某固定资产的折旧费用，多计费用为20万元，该企业2020年的企业所得税申报表中未对该事项进行扣除，对此税务机关命令其立即补缴税款，并加收滞纳金。

多计提折旧费用会使会计利润减少，从而使应纳所得税减少，金额为20×25%=5万元。由于这个金额是2020年度利润变化额，上年利润已经结转至"未分配利润"，因此我们只能通过"以前年度损益调整"科目进行调整，具体调整分录如下。

（1）冲回折旧金额：

借：累计折旧　　　　　　　　　　　　　　　　　　200 000

　　贷：以前年度损益调整　　　　　　　　　　　　　200 000

（2）调整应交所得税：

借：以前年度损益调整　　　　　　　　　　　　　　 50 000

　　贷：应交税费——应交所得税　　　　　　　　　　50 000

（3）将以前年度损益调整金额转入"未分配利润"：

借：以前年度损益调整　　　　　　　　　　　　　　150 000

　　贷：利润分配——未分配利润　　　　　　　　　　150 000

（4）调整利润分配相关金额：

借：利润分配——未分配利润　　　　　　　　　　　 22 500

　　贷：盈余公积　　　　　　　　　　　　　　　　　15 000

　　　　任意盈余公积　　　　　　　　　　　　　　　 7 500

（5）补缴税款：

借：应交税费——应交所得税　　　　　　　　　　　 50 000

　　贷：银行存款　　　　　　　　　　　　　　　　　50 000

同时，企业在补缴税款时，应当缴纳滞纳金：

借：营业外支出——滞纳金　　　　　　　　　　　　××××

　　贷：银行存款　　　　　　　　　　　　　　　　 ××××

如果税务稽查决定中涉及以前年度增值税补缴，企业应当通过"应

交税费——增值税检查调整"进行核算,具体方法如下:

(1)计提:

借:以前年度损益调整

  贷:应交税费——应交增值税检查调整

(2)查补转出:

借:应交税费——应交增值税检查调整

  贷:应交增值税——未交增值税

同时,计提滞纳金:

借:营业外支出——滞纳金

  贷:应付账款

(3)结转"以前年度损益调整"至未分配利润:

借:利润分配——未分配利润

  贷:以前年度损益调整

(4)缴纳时:

借:应交增值税——未交增值税

  贷:银行存款

同时,缴纳滞纳金:

借:银行存款

  贷:应付账款

在进行税务调整时,只要记住纳税年度以内直接通过原科目核算,以前年度的损益相关科目通过"以前年度损益调整"科目核算,其他科目按照原科目原则处理,一般便不会出现错误。

四、建立完善的纳税管理机制

企业被稽查后,应引以为戒,及时纠正自身存在的税务风险,并建立一套完善的纳税管理机制,以防纳税风险的再次发生。

企业纳税管理机制是指企业管理者通过内部控制,运用科学的方法和手段，对纳税活动中涉及的人、物、账、信息等资源进行计划、组织、控制等管理机制，以达到合法范围内的税负最小化和利益最大化。

通常企业纳税管理机制主要包括以下四个方面：

第一，在涉税活动发生前，通过有计划地安排企业的生产经营，选择适合本企业的税收政策；

第二，通过合法手段进行纳税筹划，准确、及时、合法地进行纳税申报；

第三，全面分析纳税情况，及时甄别企业存在的税收风险；

第四，正确对待税收争议。

对于企业来说，完善的纳税管理机制在一定程度上可以规避企业的税务风险，企业应当结合自身的实际情况，建立内控管理机制。为什么要这样做呢？因为人具有主观性，企业为了减少这种主观性造成的偏差，应该建立内控管理机制，通过制度来约束人的行为，使其在不出现违规风险的前提下完成工作任务。

财务部门是一个很特殊的部门，为了减少人为因素的错误，企业应当建立财务人员的内部控制体系，通过制度，减少企业的财务风险，该体系具体包括：

（1）设置组织架构，通过不相容职务分离原则，明确员工职责分工；

（2）通过互相监督、上级监督等方式，完成纳税档案的记录；

（3）合理控制纳税预算，建立完整的预算编制、执行体系，保证纳税政策的正确使用；

（4）建立风险管理机制，实时识别纳税风险、分析风险根源、处理和解决风险。

此外，企业还要建立财务分析制度，及时发现企业存在的问题，在税务风险发生前就解决好，并给企业的未来进行整体的规划，让企业发展得更快、更好。

附录

企业税务会计真账实操

附录1：会计凭证的填制示范

一、会计凭证概述

会计凭证，是指记录经济业务发生或者完成情况的书面证明，是登记账簿的依据。会计凭证按照填制程序和用途可分为原始凭证和记账凭证。

（一）原始凭证

原始凭证即单据，是指在经济业务发生或完成时取得或填制的，用以记录或证明经济业务的发生或完成情况的原始凭据。原始凭证的作用主要是记载经济业务的发生过程和具体内容。常用的原始凭证有：现金收据、增值税专用或普通发票、差旅费报销单、产品入库单、领料单等。

原始凭证按取得来源分类，可分为自制原始凭证和外来原始凭证。自制原始凭证如领料单、产品入库单、借款单等。外来原始凭证如购买原材料取得的增值税专用发票，职工出差报销的飞机票、火车票和餐饮费发票等。

原始凭证按照格式的不同，可分为通用凭证和专用凭证。通用凭证如某省市印制的在该省市通过的发票、收据等，如由中国人民银行制作的在全国通用的银行转账结算凭证、由国家税务总局统一印制的全国通用的增值税专用发票等。专用凭证如领料单、差旅费报销单、折旧计算表、工资费用分配表等。

原始凭证按照填制的手续和内容，可分为一次凭证、累计凭证和汇总凭证。一次凭证如收据、收料单、发票、银行结算凭证等；累计凭证如限额领料单；汇总凭证如发料凭证汇总。

(二)记账凭证

记账凭证，是指会计人员根据审核无误的原始凭证，按照经济业务的内容加以归类，并据以确定会计分录后填制的会计凭证，作为登记账簿的直接依据。记账凭证的作用主要是确定会计分录，进行账簿登记，反映经济业务的发生或完成情况，监督企业经济活动，明确相关人员的责任。

记账凭证按照其反映的经济业务的内容来划分，通常可分为收款凭证、付款凭证和转账凭证。收款凭证，是指用于记录库存现金和银行存款收款业务的记账凭证。付款凭证，是指用于记录库存现金和银行存款付款业务的记账凭证。转账凭证，是指用于记录不涉及库存现金和银行存款业务的记账凭证。

记账凭证的基本内容应包括填制凭证的日期、凭证编号、经济业务摘要、会计科目、金额、所附原始凭证张数，以及填制凭证人员、稽核人员、记账人员、会计机构负责人、会计主管人员签名或者盖章。收款和付款记账凭证还应当由出纳人员签名或者盖章。通用记账凭证样本见下表：

通用记账凭证样本

记 账 凭 证

年　月　日　　　　　　　　　　字第　　号

摘要	总账科目	明细科目	√	借方金额	贷方金额	
				千百十万千百十元角分	千百十万千百十元角分	
						附件　张
合　计						

会计主管　　记账　　出纳　　审核　　　　　　制单

记账凭证的填制要求如下：

（1）除结账和更正错账可以不附原始凭证外，其他记账凭证必须附原始凭证。

（2）记账凭证可以根据每一张原始凭证填制，或根据若干张同类原始凭证汇总填制，也可根据原始凭证汇总表填制，但不得将不同内容和类别的原始凭证汇总填制在一张记账凭证上。

（3）记账凭证应连续编号。

（4）填制记账凭证时若发生错误，应当重新填制。

（5）记账凭证填制完成后如有空行，应当自金额栏最后一笔金额数字下的空行处划线注销。

二、填制示范

甲企业为增值税一般纳税人，20×1年2月发生一笔经营业务如下：

2月1日，从乙企业购入存货A设备10台，取得增值税专用发票注明货款100万元，增值税额13万元，货款已用银行存款支付。

该业务为企业购进货物，原始凭证为购进货物的发票、银行付款的回单、验收入库单，会计分录如下：

借：库存商品-A设备　　　　　　　　　　　1 000 000
　　应交税费-应交增值税（进项税额）　　　130 000
　　贷：银行存款　　　　　　　　　　　　　1 130 000

填制记账凭证见下表：

需要注意的是，凭证填制日期为编制当天的日期，会计科目应当书写正确，空白处应当划线注销，借贷金额必须相等，并且在金额的前一位书写"¥"符号，填制人员要签名盖章。

甲企业记账凭证填制

记 账 凭 证

20×1年2月1日　　　　　　　　　　　　　记字 第 001 号

摘要	总账科目	明细科目	√	借方金额 千百十万千百十元角分	贷方金额 千百十万千百十元角分	
购进货物	库存商品	A设备		1 0 0 0 0 0 0 0 0		附件三张
	应交税费	应交增值税（进项税额）		1 3 0 0 0 0 0 0		
	银行存款				1 1 3 0 0 0 0 0 0	
	合　　计			¥ 1 1 3 0 0 0 0 0 0	¥ 1 1 3 0 0 0 0 0 0	

会计主管　　记账　　出纳　　　　　审核　　　　　　制单 张某某

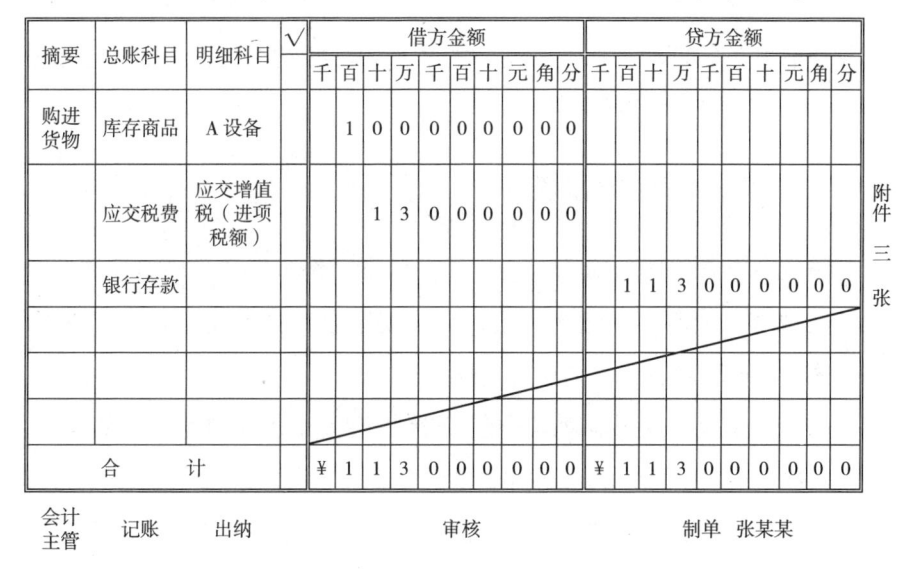

附录2：会计账簿的登记示范

一、会计账簿概述

会计账簿由一定格式的账页组成，会计人员根据经过审核的会计凭证，全面、系统、连续地记录各项经济业务的簿籍，基本内容包括封面、扉页和账页。

会计账簿按照用途，可以分为序时账簿、分类账簿和备查账簿，库存现金日记账和银行存款日记账属于序时账簿；按其反映经济业务的详略程度，可分为总分类账簿和明细分类账簿；按照账页格式，主要分为三栏式账簿、多栏式账簿、数量金额式账簿，各种日记账、总账以及资本、债权、债务明细账都可采用三栏式账簿；按照外形特征，可以分为订本式账簿、活页式账簿、卡片式账簿。

启用会计账簿时，应当在账簿封面上写明单位名称和账簿名称，并在账簿扉页上附启用表；启用订本式账簿应当从第一页到最后一页顺序编定页数，不得跳页、缺号；使用活页式账簿应当按账户顺序编号，并须定期装订成册，装订后再按实际使用的账页顺序编定页码，另加目录以便于记明每个账户的名称和页次。

（一）登记账簿注意事项

登记会计账簿时，应当将会计凭证日期、编号、业务内容摘要、金额和其他有关资料逐项记入账内，必须使用蓝黑墨水或碳素墨水书写，不得使用圆珠笔或者铅笔书写，不得涂改。

会计账簿应当按照连续编号的页码顺序登记，凡需结出余额的账户，结出余额后，应在"借或贷"栏中注明"借"或"贷"字样，以示余额方向；没有余额的账户，在"借或贷"栏内注明"平"字，并在"余额"栏中的"元"位用"0"表示。

每一账页登记完毕时，应当结出本页发生额合计及余额，在该账页最末一行"摘要"栏注明"转次页"或"过次页"，并将这一金额记入下一页第一行有关金额栏内，在该行"摘要"栏注明"承前页"，以保持账簿记录的连续性，便于对账和结账。账簿记录发生错误时，不得刮擦、挖补或用褪色药水更改字迹，而应采用规定的方法更正。

以下事项用红字登记：

（1）按照红字冲账的记账凭证，冲销错误记录。

（2）在不设借贷等栏的多栏式账页中，登记减少数。

（3）在三栏式账户的余额栏前，如未印明余额方向的，在余额栏内登记负数余额。

（二）各类账簿的登记方法

1. 日记账

三栏式库存现金日记账由出纳人员根据库存现金收款凭证、库存现金付款凭证和银行存款付款凭证，按照库存现金收、付款业务和银行存款付款业务发生时间的先后顺序逐日逐笔登记。

每日终了，应分别计算库存现金收入和支出的合计数，并结出余额，同时将余额与出纳人员的库存现金核对，如账款不符应查明原因，记录备案。月终同样要计算库存现金收、支和结存的合计数。

银行存款日记账应按企业在银行开立的账户和币种分别设置，每个银行账户设置一本日记账，由出纳人员根据与银行存款收付业务有关的记账凭证，按时间先后顺序逐日逐笔进行登记，根据银行存款收款凭证和有关的库存现金付款凭证登记银行存款收入栏，根据银行存款付款凭证登记其支出栏，每日结出存款余额。

2. 总分类账

总分类账的登记方法因登记的依据不同而有所不同，经济业务少的小型单位的总分类账可以根据记账凭证逐笔登记；经济业务多的大中型单位的总分类账，可以根据记账凭证汇总表或汇总记账凭证等定期登记。

3. 明细分类账

三栏式账页是设有借方、贷方和余额三个栏目，用以分类核算各项经济业务，提供详细核算资料的账簿，其格式与三栏式总账格式相同。

多栏式账页将属于同一个总账科目的各个明细科目合并在一张账页上进行登记，即在这种格式账页的借方或贷方金额栏内按照明细项目设若干专栏，适用于收入、成本、费用类科目的明细核算。

数量金额式账页适用于既要进行金额核算又要进行数量核算的账户，如原材料、库存商品等存货账户，其借方、贷方和余额都分别设有数量、单价和金额三个专栏。

二、登记示范

根据附录1中的记账凭证登记相关会计账簿。

登记银行存款日记账，填写日期、记账凭证号、摘要金额等。

银行存款日记账部分式样见下表：

银行存款日记账部分式样

银行存款日记账

开户行 ×××
账　号 ×××

20×2年		凭证		对方科目	摘要	借方	核对	贷方	核对	余额
月	日	种类	号数			亿千百十万千百十元角分		亿千百十万千百十元角分		亿千百十万千百十元角分
					……					2 0 0 0 0 0 0 0 0
2	1	记	1		购进货物			1 1 3 0 0 0 0 0 0		8 7 0 0 0 0 0 0

　　登记库存商品明细账时，除了必填项目之外，还需要填写数量和单价，接下来登记应交税费明细账和总分类账。总分类账和明细分类账平行登记，对所发生的每项经济业务都要以会计凭证为依据，一方面记入有关总分类账户，另一方面记入所辖明细分类账户，总分类账户与明细分类账户的方向相同、期间一致、金额相等。

附录3：编制财务报表

　　财务报表是会计要素确认、计量和记录的总括反映，主要包括资产负债表、利润表和现金流量表。

一、资产负债表

（一）概述

　　资产负债表是反映企业在某一特定日期财务状况的报表。根据"资产＝负债＋所有者权益"会计恒等式，依照一定的分类标准和一定的次序，将某一特定日期的资产、负债、所有者权益的具体项目予以适当的排列编制而成，从而反映企业在某一特定日期所拥有或控制的经济资源、所承担的现有义务和所有者对净资产的要求权。

（二）编制

资产负债表各项目均需填列年初余额和期末余额两栏，年初余额栏内各项数额为上年年末资产负债表的期末余额。

资产负债表的期末余额栏内各项数字，具体填列方法如下：

1. 根据总账科目余额填列

有些项目可以直接根据有关总账科目的期末余额填列，比如短期借款、资本公积等。有些项目需要根据几个总账科目的期末余额计算填列，例如货币资金项目，需根据库存现金、银行存款和其他货币资金三个总账科目的期末余额合计数填列。

2. 根据明细账科目余额计算填列

应付票据及应付账款项目，需要根据应付账款和预付账款两个科目的期末贷方余额，与应付票据科目期末贷方余额计算填列。应收票据及应收账款项目，需要根据应收账款和预收账款两个科目填写，其所属的相关明细科目的期末借方余额加应收票据科目借方余额，再减去与应收票据和应收账款有关的坏账准备贷方余额计算填列。

3. 根据总账科目和明细账科目余额分析计算填列

以长期借款项目为例，需要根据长期借款总账科目余额，扣除长期借款科目所属的明细科目中，将在一年内到期且企业不能自主地将清偿义务展期的长期借款后的金额计算填列。

4. 根据有关科目余额减去其备抵科目余额后的净额填列

以长期股权投资项目为例，填列时需要根据其期末余额，减去长期股权投资减值准备的余额。应收票据及应收账款项目，需要减去坏账准备的余额填列。固定资产项目，需要根据其期末余额，减去累计折旧、固定资产减值准备等备抵科目的期末余额填列。

5. 综合运用上述填列方法分析填列

以存货项目为例，需要根据原材料、库存商品、委托加工物资、周转材料、发出商品等总账科目期末余额，减去存货跌价准备科目余额后的净额填列。

二、利润表

利润表是反映企业在一定会计期间经营成果的报表，是一个动态报表，我国企业的利润表采用多步式格式。

在填列利润表时，应以营业收入为基数，减去营业成本、税金及附加、销售费用、管理费用、研发费用、财务费用、资产减值损失、信用减值损失，加上其他收益、投资收益等项目，计算出营业利润。

然后根据营业利润，加上营业外收入，减去营业外支出，计算出利润总额，利润总额是计算企业所得税的基础。

计算企业所得税后，根据利润总额，减去所得税费用，计算出净利润；再根据净利润计算出每股收益；根据净利润和其他综合收益的税后净额，计算出综合收益总额。

三、现金流量表

现金流量表是反映一定时期内企业经营活动、投资活动和筹资活动对其现金及现金等价物所产生影响的财务报表。现金流量表弥补了资产负债表信息量的不足，便于从现金流量的角度对企业进行考核，使企业利益相关者能够了解企业筹措现金、生成现金的能力。

附录4：企业账务模拟

前面章节已向大家介绍了企业税务工作的基本流程和操作，我们已经基本掌握企业在进行税务处理时的技巧。本章将通过模拟企业实际经营情况，向大家介绍企业会计的税务流程。

一、企业概况及期初财务状况

A 企业是一家机械设备制造公司，主要向全国各地经销商提供生产所需机械设备的设计、制造、安装和调试服务。

（一）基本资料

> 统一社会信用代码：1××××××××××××××××
> 名称：A 机械设备制造有限公司
> 类型：有限责任公司
> 住所：北京市朝阳区××街××号
> 法定代表人：王某
> 注册资本：1 000 万元
> 成立时间：2014 年 10 月 1 日
> 营业期限：2014 年 10 月 1 日至 2034 年 10 月 1 日
> 经营范围：机械设备设计、制造、销售、安装和调试服务
> 纳税人类型：增值税一般纳税人
> 适用税率：增值税税率 13%，城市维护建设税 5%，教育费和地方教育附加 3%，企业所得税 25%

（二）公司组成人员现状

A 企业人员现状见下表：

A 企业人员组成现状

部门	职务	姓名	部门	职务	姓名
办公室	总经理		生产车间	生产工人	
				生产工人	
	行政			生产工人	

续上表

部 门	职 务	姓 名	部 门	职 务	姓 名
销售部	销售主管		财务部	财务经理	
	销售专员			会计	
	销售专员			出纳	
人事部	人事经理		库房	库管员	

（三）与经营相关管理制度

（1）存货采用实际成本法进行核算，发出计价方式为不考虑物价上涨，采用先进先出法进行核算。

（2）固定资产折旧方法为年限平均法。

（3）职工薪酬月末计提，每月10日发放。

（4）本年利润采用账结法，会计期末将所有损益科目余额转入本年利润账户。

（5）为方便计算，制造费用和生产成本按照生产工时进行分配。

（四）期初财务状况

A企业期初财务状况见下表：

A企业期初财务状况

科 目	金额（元）	科 目	金额（元）
库存现金	30 000	应付账款	360 000
银行存款	5 000 000	短期借款	500 000
应收账款	1 230 000	应付职工薪酬	196 750
原材料	590 000	应交税费	412 499
库存商品	1 001 000		
固定资产	4 145 250.48	实收资本	10 000 000
无形资产	1 000 000	资本公积	1 158 000.48
	—	本年利润	369 001
	—	利润分配	0
合计	12 996 250.48	—	12 996 250.48

（五）各类财产负债明细

1. 固定资产明细

A 企业固定资产明细见下表：

A 企业固定资产明细

项目	初始价值（元）	预计净残值率	预计净残值（元）	折旧年限（年）	每月折旧（元）	已计提年限（月）	已提折旧（元）	账面余额（元）
办公楼	2 000 000	5%	100 000	40	3 958.33	72	284 999.76	1 715 000.24
生产车间	1 500 000	5%	75 000	30	3 958.33	71	284 999.76	1 215 000.24
运输车辆（销售）	500 000	5%	25 000	4	9 895.83	12	118 749.96	381 250.04
电子设备1（销售）	300 000	5%	15 000	3	7 916.67	12	95 000.04	204 999.96
电子设备2（行政）	150 000	5%	7 500	3	3 958.33	12	47 499.96	102 500.04
办公设备1（销售）	500 000	5%	25 000	5	7 916.67	12	95 000.04	404 999.96
办公设备2（行政）	150 000	5%	7 500	5	2 375	12	28 500	121 500
合计	5 100 000	—	255 000	—	39 979.16	—	954 749.52	4 145 250.48

2. 原材料及库存商品明细

A 企业原材料及库存商品明细见下表：

A 企业原材料及库存商品明细

项目		单位	单价	数量	金额（元）
原材料	原材料 A	吨	30 000	9	270 000
	原材料 B	吨	40 000	8	320 000
合计（原材料）		—	—	—	590 000
库存商品	甲设备	台	18 000	12	216 000
	乙设备	台	43 000	5	225 000
	丙设备	台	40 000	14	560 000
合计（库存商品）		—	—	—	1 001 000

3. 应付和应收项目明细

A 企业应付和应收项目明细见下表：

A 企业应付和应收项目明细

项　　目	明细科目		金额（元）
应收账款	B 公司		800 000
	C 公司		430 000
应付账款	D 公司		360 000
	E 公司		0
应付职工薪酬	工资		200 000
应交税费	应交增值税	销项税额	48 494
		进项税额	11 457
	应交城市维护建设税		1 851
	应交教育费附加		1 111
	应交所得税		369 250
	应交个人所得税		3 250

4. 特殊说明

（1）为了简化计算，案例忽略企业印花税、车船税、房产税等其他小税种的计算。

（2）在计算职工薪酬时忽略企业为员工缴纳的社会保险、住房公积金以及其他商业保险。

（3）假设企业经济活动中会计规定与税法规定一致，期末纳税调整项目为0。

（4）假设企业按月缴纳税款。

二、企业 20×0 年 12 月账务处理

（一）账务内容

20×0 年 12 月发生下列经济业务：

（1）12 月 1 日，出纳从银行购买支票，以银行存款付清手续费 30 元。

（2）12 月 5 日，办公室购买办公文具，提供购买发票，现金报销费

用 500 元。

（3）12 月 6 日，从某汽车制造厂购入汽车 1 辆，取得增值税专用发票，发票注明价款 400 000 元，增值税价款 52 000 元，公司以银行存款付清全部款项。需要缴纳车辆购置税 40 000 元。

（4）12 月 8 日，生产车间领用原材料 A 2 吨、原材料 B 1 吨，材料用于丙型生产设备。

（5）12 月 8 日，销售给 G 公司甲型设备与乙型设备各 5 台，价款总计 500 000 元，增值税专用发票注明税款 65 000 元，公司已将设备发出，与 G 公司约定下月 8 号支付货款。

（6）12 月 9 日，销售部经理催收上月应收 B 公司欠款，B 公司以银行存款付款。

（7）12 月 10 日，从 E 公司购入生产用原材料 B，总计数量 8 吨，价款 300 000 元，增值税专用发票注明税款 39 000 元，公司以银行存款付清货款。

（8）12 月 10 日，以银行存款支付员工上月工资。

（9）12 月 10 日，申报并缴纳上月企业增值税、城市维护建设税和教育费附加、企业所得税及个人所得税。

（10）12 月 11 日，生产车间领用原材料 A 3 吨、原材料 B 5 吨，生产甲型设备领用原材料 A 2 吨、原材料 B 3 吨；生产乙型设备领用原材料 A 1 吨、原料 B 2 吨。

（11）12 月 13 日，销售给 H 公司设备丙 10 台，价款 700 000 元，增值税专用发票注明税款 91 000 元，采用托收承付方式销售，A 公司代垫运杂费 1 000 元，已经办好托收手续。

（12）12 月 15 日，销售部支付 F 公司产品宣传费 40 000 元，增值税专用发票注明税款 2 400 元，费用以银行存款付清。

（13）12 月 16 日，收到 E 公司发来的原材料，已验收入库。

（14）12 月 17 日，A 公司决定扩大生产线，从 J 公司采购建设材料 6 吨，增值税专用发票注明货款 84 000 元，增值税税款 10 920 元，货款以银行存款付清，当天收到采购材料，付给装卸工人装卸费6 000元，取得增值税专用发票注明税款360元，装卸费以现金付清，当日材料验收入库。

（15）12月18日，偿还上月欠D公司的材料采购款360 000元，以银行存款付清。

（16）12月20日，银行存款自动支付本月短期借款利息2 080元。

（17）12月22日，从D公司赊销购入生产用原材料A，总计数量2吨，价款55 000元，增值税专用发票注明税款7 150元。

（18）12月24日，收到C公司上月欠款，款项已存入银行账户。

（19）12月25日，从农户田某处现金购入一批苹果作为福利，发放给员工，价款总计5 000元，取得农产品购进发票。

（20）12月28日，收到D公司原材料，验收中发现有0.05吨正常毁损，其余材料验收入库。

（21）12月31日，计提本月固定资产折旧费用。

（22）12月31日，收到人事部当月工资单，工资总额200 000万元。计提员工本月工资见下表：

A企业20×0年12月员工工资

部门	职务	工资金额（元）	应扣个税（元）	实发工资（元）	合计（元）
办公室	总经理	46 000	1 580	44 420	50 000
	行政专员	4 000	0	4 000	
销售部	销售主管	35 000	900	34 100	90 000
	销售专员	30 000	750	29 250	
	销售专员	25 000	600	24 400	
人事部	人事经理	5 000	0	5 000	5 000
生产车间	生产总管	10 000	150	9 850	30 000
	生产工人	10 000	150	9 850	
	生产工人	10 000	150	9 850	

续上表

部 门	职 务	工资金额（元）	应扣个税（元）	实发工资（元）	合计（元）
财务部	财务经理	10 000	150	9 850	20 000
	会计	5 000	0	5 000	
	出纳	5 000	0	5 000	
库房	库管员	5 000	0	5 000	5 000
合计	—	200 000	4 430	195 570	200 000

（23）12月31日，生产车间当月机械设备已经生产完毕，并已入库，库管员开具入库单，计算当月新增产品成本。

（24）12月31日，计算本月原材料成本。

（25）12月31日，计提当月应缴纳增值税税额。

（26）12月31日，计提当月应缴纳城市维护建设税税额、教育费附加及地方教育附加税额。

（27）12月31日，结转本月收入。

（28）12月31日，结转本月成本。

（29）12月31日，结转本月税金及附加、各项费用以及营业外支出。

（30）12月31日，计提本月应交所得税并结转。

（31）12月31日，结转本月利润。

（二）会计处理

在经济业务发生时，我们需要对发生业务的原始凭证进行审核，审核凭证填写格式和内容，确保经济业务发生是正常合规的。审核凭证后即编制记账凭证，并依据记账凭证将各项业务填入会计账簿。根据A公司发生的经济业务，我们应当做如下处理：

1. 12月1日

借：财务费用——手续费　　　　　　　　　　　　　　30

　　贷：银行存款　　　　　　　　　　　　　　　　　30

2. 12月5日

借：管理费用——办公室 500
　　贷：库存现金 500

3. 12月6日

借：固定资产——汽车 400 000
　　应交税费——应交增值税（进项税额） 52 000
　　贷：银行存款 452 000

借：固定资产——汽车 40 000
　　贷：应交税费——应交车辆购置税 40 000

4. 12月8日

借：生产成本——丙设备 100 000
　　贷：原材料——A 60 000
　　　　　　——B 40 000

5. 12月8日

12月8日确认收入：

借：应收账款 565 000
　　贷：主营业务收入 500 000
　　　　应交税费——应交增值税（销项税额） 65 000

12月8日结转成本：

借：主营业务成本 305 000
　　贷：库存商品——甲设备 90 000
　　　　　　　　——乙设备 215 000

6. 12月9日

借：银行存款 800 000
　　贷：应收账款——B公司 800 000

7. 12月10日

借：在途物资——原材料——B 300 000
　　应交税费——应交增值税（进项税额） 39 000
　　贷：银行存款 339 000

8. 12月10日

借：应付职工薪酬——应付工资 196 750

　　　　贷：银行存款　　　　　　　　　　　　　　　　196 750

9. 12月10日

　　借：应交税费——未交增值税　　　　　　　　　　37 037

　　　　　　　　——应交城市维护建设税　　　　　　 1 851

　　　　　　　　——应交教育费附加　　　　　　　　 1 111

　　　　　　　　——应交企业所得税　　　　　　　 369 250

　　　　　　　　——应交个人所得税　　　　　　　　 3 250

　　　　贷：银行存款　　　　　　　　　　　　　　　412 499

10. 12月11日

　　借：生产成本——甲设备　　　　　　　　　　　180 000

　　　　　　　　——乙设备　　　　　　　　　　　110 000

　　　　贷：原材料——A　　　　　　　　　　　　　90 000

　　　　　　　　——B　　　　　　　　　　　　　200 000

11. 12月13日

12月13日确认收入：

　　借：应收账款——丙公司　　　　　　　　　　　792 000

　　　　贷：主营业务收入　　　　　　　　　　　　700 000

　　　　　　应交税费——应交增值税（销项税额）　 91 000

　　　　　　银行存款　　　　　　　　　　　　　　 1 000

12月13日结转成本：

　　借：主营业务成本　　　　　　　　　　　　　　400 000

　　　　贷：库存商品——丙设备　　　　　　　　　400 000

12. 12月15日

　　借：销售费用——广告费　　　　　　　　　　　 40 000

　　　　应交税费——应交增值税（进项税额）　　　 2 400

　　　　贷：银行存款　　　　　　　　　　　　　　 42 400

13. 12月16日

　　借：原材料——B　　　　　　　　　　　　　　300 000

　　　　贷：在途物资——B　　　　　　　　　　　300 000

14. 12月17日

　　借：工程物资　　　　　　　　　　　　　　　　 90 000

    应交税费——应交增值税（进项税额）   11 280
   贷：银行存款   94 920
    库存现金   6 360

15. 12月18日

  借：应付账款——D公司   360 000
   贷：银行存款   360 000

16. 12月20日

  借：财务费用——利息费   2 080
   贷：银行存款   2 080

17. 12月22日

  借：在途物资——原材料——A   55 000
    应交税费——应交增值税（进项税额）   7 150
   贷：应付账款   62 150

18. 12月24日

  借：银行存款   430 000
   贷：应收账款——C公司   430 000

19. 12月25日

购进时：

  借：库存商品——苹果   5 000
   贷：库存现金   5 000

发放员工福利时：

  借：应付职工薪酬——非货币性福利   5 000
   贷：库存商品——苹果   5 000

20. 12月28日

  借：原材料——A   55 000
   贷：在途物资——A   55 000

21. 12月31日

  借：管理费用——折旧费   10 291.66
    销售费用——折旧费   25 729.17
    制造费用——折旧费   3 958.33
   贷：累计折旧   39 979.16

22. 12 月 31 日

计提员工工资：

借：生产成本	20 000
制造费用	10 000
管理费用	80 000
销售费用	90 000
贷：应付职工薪酬——应付工资	200 000

计提个税时：

借：应付职工薪酬——应付工资	4 430
贷：应交税费——应交个人所得税	4 430

23. 12 月 31 日

当月生产成本分配见下表：

A 企业 20×0 年 12 月成本分配

项目	当月增加数量（台）	项目	项目	金额（元）	项目	金额（元）	项目	金额（元）
甲设备	6	领用原材料 A	用于甲设备生产	60 000	生产成本（工人工资）	20 000	制造费用	13 958.33
乙设备	5		用于乙设备生产	30 000				
			用于丙设备生产	60 000				
丙设备	3	领用原材料 B	用于甲设备生产	80 000				
			用于乙设备生产	120 000				
			用于丙设备生产	40 000				

A 企业 20×0 年 12 月成本明细见下表：

A 企业 20×0 年 12 月成本明细

项目	工时（小时）
甲设备	100
乙设备	150
丙设备	400
总计	650

制造费用分配率 =13 958.33/650=21.5 元 / 小时

生产成本分配率 =20 000/650=30.8 元 / 小时

甲设备分配制造费用 =100×21.5=2 150 元

乙设备分配制造费用 =150×21.5=3 225 元

丙设备分配制造费用 =13 958.33-2 150-3 225=8 583.33 元

甲设备分配生产成本 =100×30.8=3 080 元

乙设备分配生产成本 =150×30.8=4 620 元

丙设备分配生产成本 =20 000-3 080-4 620=12 300 元

本月甲设备总成本 =60 000+120 000+3 080+2 150=185 230 元

本月乙设备总成本 =3 225+4 620+30 000+80 000=117 845 元

本月丙设备总成本 =8 583.33+12 300+60 000+40 000=120 883.33 元

本月甲设备单位成本 =185 230/6=30 871.67 元 / 台

本月乙设备单位成本 =117 845/5=23 569 元 / 台

本月丙设备单位成本 =120 883.33/3=40 294.44 元 / 台

产品入库时做：

借：库存商品　　　　　　　　　　　　　　　　　　　423 958.33

　　贷：制造费用　　　　　　　　　　　　　　　　　　13 958.33

　　　　生产成本　　　　　　　　　　　　　　　　　　410 000

24. 12 月 31 日

A 企业 20×0 年原材料成本见下表：

A 企业 20×0 年原材料成本

项　目	金额（元）	数量（吨）	正常损耗（吨）	单位成本（元 / 吨）
原材料 A	55 000	2	0.05	28 205.13
原材料 B	300 000	8	0	37 500

25. 12 月 31 日

当月增值税应纳税额 =65 000+91 000-52 000-39 000-2 400-11 280-7 150= 44 170 元

借：应交税费——应交增值税（转出未交增值税） 44 170
　　贷：应交税费——未交增值税 44 170

26. 12 月 31 日

城市维护建设税税额：44 170×5%=2 208.5 元

教育费附加：44 170×3%=1 325.1 元

借：税金及附加 3 533.6
　　贷：应交税费——应交城市维护建设税 2 208.5
　　　　　　　　——应交教育费附加 1 325.1

27. 12 月 31 日

借：主营业务收入 1 200 000
　　贷：本年利润 1 200 000

28. 12 月 31 日

借：本年利润 705 000
　　贷：主营业务成本 705 000

29. 12 月 31 日

借：本年利润 252 268.46
　　贷：销售费用 155 729.2
　　　　管理费用 90 791.66
　　　　财务费用 2 110
　　　　税金及附加 3 533.6

30. 12 月 31 日

所得税费用=（1 200 000-252 268.46-705 000）×25%=60 682.885 元

借：所得税费用 60 682.885
　　贷：应交税费——应交所得税 60 682.885

结转所得税：

借：本年利润 60 682.885
　　贷：所得税费用 60 682.885

31. 12 月 31 日

本年利润期末金额=1200 000-252 268.46-705 000-60 682.885=

182 048.665 元

  借：本年利润   182 048.665

  贷：利润分配   182 048.665

（三）税务处理

A 企业在 20×0 年 12 月需要进行两次税务处理：一是填制各类纳税申报表，将本月需要缴纳的各项税款进行缴纳；二是计提本月需要缴纳税款。

1. 上月应交税款缴纳

12 月 10 日，缴纳上月税款。上月需要缴纳的税种有增值税、城市维护建设税、教育费附加、个人所得税和企业所得税，具体步骤分为：

（1）会计人员在 12 月 1 日应该汇总上月税款数据，填制各项应纳税项目纳税申报表。

（2）本月 15 日之前将企业税款缴纳至主管税务机关。

2. 本月应交税款计提

12 月 31 日，A 企业根据本月发生经济业务，统计本月需缴纳税款项目，根据本案例可知 12 月需缴纳税款比上月多一项车辆购置税，具体进行处理时应做如下操作：

（1）增值税 12 月 31 日，会计人员首先进行抄税，在开票软件中点击"上报汇总"或者"远程抄报"等按钮，完成企业增值税抄税。

（2）A 企业购置车辆需要缴纳车船购置税，车船购置税的申报日期为自购买之日起 60 日内，因此本月需将车辆购置税进行计提。

（3）其余税款月末进行及时计提，下月按期缴纳税款。

三、企业 20×0 年 12 月报表

在这里我们仅编制 12 月财务报表，现金流量表及企业年报由于案例信息不足，不在此进行编制。

（一）资产负债表

A 企业 20×0 年 12 月资产负债表见下表：

资产负债表 企会表 1

编制单位：A 公司　　　日期：20×0 年 12 月 31 日　　　单位：元

资　产	年初余额	期末余额	负　债	年初余额	期末余额
流动资产			流动负债		
货币资金	5 030 000.00	4 347 461.00	短期借款	500 000.00	500 000.00
短期投资	0	0	交易性金融负债	0	0
内部往来	0	0	应付票据		0
应收账款	1 230 000.00	1 357 000.00	应付账款	360 000.00	62 150.00
减：坏账准备	0	0	预收账款	0	
应收账款净额	0	0	其他应付款	0	0
预付账款	0	0	应付职工薪酬	196 750.00	190 570.00
其他应收款	0	0	应交税金	412 499.00	152 842.49
存货	1 591 000.00	1 274 958.33	应付利息		
待转其他业务支出	0	0	其他未交款	0	0
待摊费用	0	0	预提费用	0	0
一年内到期的长期债券投资	0	0	一年内到期的长期负债	0	0
流动资产合计	7 851 000.00	6 979 419.33	其他流动负债	0	0
非流动资产		0	流动负债合计	1 469 249.00	905 562.49
长期投资		0	长期负债		
固定资产			长期借款	0	0
固定资产原价	5 100 000.00	5 540 000.00	应付债券	0	0
减：累计折旧	954 749.52	994 728.68	长期应付款	0	0
固定资产净值	4 145 250.48	4 545 271.32	其他长期负债	0	0
固定资产清理	0	0	长期负债合计	0	0
在建工程	0	90 000.00	所有者权益		
工程物资	0	0	实收资本	10 000 000.00	10 000 000.00
无形及递延资产		—	资本公积	1 158 000.48	1 158 000.48
无形资产	1 000 000.00	1 000 000.00			
递延资产	0	0	盈余公积	0	0

续上表

资产	年初余额	期末余额	负债	年初余额	期末余额
长期待摊费用	0	0	未分配利润	369 001.00	551 127.68
非流动资产合计	5 145 250.48	5 635 271.32	所有者权益合计	11 527 001.48	11 709 128.16
资产总计	12 996 250.48	12 614 690.65	负债及所有者权益总计	12 996 250.48	12 614 690.65

（二）利润表

A企业20×0年12月利润表见下表：

利润表　　　　　　　　　　　　　　　　　企会表2

编制单位：A公司　　　日期：20×0年12月31日　　　单位：元

项目	本月数	本年累计数
一、营业收入	1 200 000.00	—
减：营业成本	705 000.00	—
营业税金及附加	3 533.60	—
销售费用	155 729.17	—
管理费用	90 791.66	—
财务费用	2 110.00	—
资产减值损失	0	—
二、营业利润	242 835.57	—
加：营业外收入	0	—
减：营业外支出	0	—
其中：非流动资产处置损失	0	—
三、利润总额	242 835.57	—
减：所得税费用	60 682.885	—
四、净利润	182 048.665	—
五、每股收益	—	—